中国学生素质拓展自助阅读

我真棒

张培培/主编

我 有一些缺点 我并不完美

大家都说这件事很难 我能行吗

其实 每个人都是一道独特的风景

做每件事都要有坚定的信心

大胆地说出 我真棒 你就是最优秀的

天津出版传媒集团

天津科学技术出版社

图书在版编目(CIP)数据

我真棒 / 张培培主编 .—天津：天津科学技术出版社，2012.3（2019.6重印）

（中国学生素质拓展自助阅读）

ISBN 978-7-5308-6841-6

Ⅰ.①我… Ⅱ①张… Ⅲ.①阅读课-中小学-课外读物 Ⅳ.①G634.333

中国版本图书馆CIP数据核字（2012）第042127号

我真棒
WOZHENBANG

责任编辑：郑　新

出　　版：	天津出版传媒集团 天津科学技术出版社
地　　址：	天津市西康路35号
邮　　编：	300051
电　　话：	（022）23332674
网　　址：	www.tjkjcbs.com.cn
发　　行：	新华书店经销
印　　刷：	三河市燕春印务有限公司

开本 700×1000mm 1/16　　印张 9　　字数 150 000

2019年6月第1版第3次印刷

定价：29.80元

　　读者们,作为一名学生,你的主要任务自然就是学习。要知道,学生阶段是一个人思维最活跃,对外界最好奇,求知欲也最强的阶段,也是每个人素质培养的奠基阶段。

　　可是,在学习的过程中,你也会遇到很多的烦恼。学校就像是一个小型的社会,你不光要与老师、同学相处,更要与自己那颗青春好动的心灵相处。

　　当遇到烦恼时,你会向谁倾诉呢?你又从何处获得帮助呢?强烈的自尊心也许让你不好意思把自己的秘密和朋友倾诉;告诉父母,又害怕他们说自己不专心学习;如果能有一个知心的朋友,倾听你的诉说,并守口如瓶地守护自己的秘密那就好了。

　　《中国学生素质拓展自助阅读》丛书就是这样的一个好朋友。它是我们专门送给你的礼物,帮你解决学生阶段大家最容易遇到的烦恼和困惑。它把素质拓展的理念融入丰富多彩的故事中,让你在轻松愉悦的阅读过程中得到成长。

　　丛书共分为八册,从思考创新、勇敢坚强、自信积极、欣赏他

人、宽容大度、勤学自律、诚实守信、感恩珍惜八个方面入手，所选内容专门针对大家在学习和生活中经常遇到的烦恼困惑，注重培养学生最应养成的良好习惯，为真正实现全方位拓展素质、提高能力打下基础。

丛书在选文上时刻关注学生群体的阅读习惯。书中有大量生动有趣的故事，情节丰富曲折，引人入胜。在道理的阐发上也紧密结合故事内容，自然、贴切，适合学生的阅读习惯。书中还特别设置了"轻轻告诉你"板块，启迪你去独立思考，真正达到自助阅读的目的。

本套丛书将成为你最忠实的伙伴，它不会泄露你的任何秘密；它鼓励你独立思考，养成良好的思维习惯；它帮助你控制自己的情绪，让你成为班级里的人气王；它鼓励你勇敢自信，让你知道做自己才是最美丽的；它提醒你学会感恩，对身边爱自己的人说声"谢谢"……

最重要的是，它让你坚信：求人不如求己，只有在自己心中埋下上进、积极的种子，你的素质才能真正得到拓展与提高。

磨坊主、儿子和驴 /1

你是一只老虎 /4

小公主和地精 /7

一定是乐谱错了 /12

拯救你们的是你们自己 /14

司原氏打猎 /16

画家的烦恼 /18

一毫米的自信 /21

我就是喜欢我 /23

王者之风 /28

希望在前 /34

把梦想交给自己 /36

信心的力量 /38

魔法师与屠龙剑 /40

蜘蛛侠的地图 /42

自己拯救自己 /45

白绢地图 /47

纯白金盏花 /49

握住自信 /51

闪烁的希望 /53

摩托车竞赛 /58

愚公移山 /61

服务生与劳斯莱斯轿车 /64

精卫填海 /66

夸父追日 /69

百合花开 /72

人生不要别人来保证 /75

不要让别人偷走你的梦想 /77

小售货员尼克的第一笔生意 /81

洛克菲勒的支票 /86

卞和与和氏璧 /88

胡萝卜、鸡蛋还是咖啡豆 / 90

心中的顽石 / 92

丑陋的声音 / 94

让你的心先越过横杆 / 96

抬头走向成功 / 98

心中的冰点 / 100

不入虎穴，焉得虎子 / 102

毛遂自荐的故事 / 104

人生需要自渡 / 110

不会贬值的钞票 / 113

人生第一课 / 115

只要你相信，你就是一块宝石 / 117

没有比脚更长的路 / 119

不如唱首歌试试 / 122

黑色的气球也能升起 / 124

你要一双鞋子，给你一双袜子 / 126

纸篓里的老鼠 / 130

自信是一种境界,
它在承认自己是渺小的同时,
证明自己的伟大。

磨坊主、儿子和驴

有个磨坊主和他的儿子，想在赶集的时候卖掉一头驴子。为了使驴子养足精神，卖个好价钱，父子俩把驴腿扎起来，然后用一根木棍抬着，就像抬吊灯一样。两人抬着驴子在路上走，一个路人看见他们，笑出声来："真是一对白痴，比那驴子还要愚蠢！"

磨坊主听到过路人的嘲讽后，也觉得自己的举动有些滑稽，于是就将牲口放了下来。驴子刚尝到被抬着走的甜头，还没过足瘾又被放了下来，边走边打着响鼻抱怨着。磨坊主让儿子骑上驴，自己紧随其后。

这时刚好有三个商人路过，见此情景，年岁大的商人对骑在驴背上的孩子嚷道："年轻人，你真好意思，你以为你是走不动路的老人吗？你应该下来，赶紧让老人骑上去！"

磨坊主忙陪着不是说："好好，好的，先生们，我这就坐上去。"说着让儿子下来，自己骑了上去。"

又走了一段路，他们遇见了三个姑娘，其中一个指着老人数

落开了:"真是没有人性啊!眼睁睁地看着自己的孩子在走路,而这个蠢货竟然稳稳地坐在驴背上,一点也不觉得羞耻。"

"我绝不能让人指着我的脊梁骨骂,我要保全我的名声。"想到这儿,磨坊主干脆和儿子一起骑到了驴背上,心想:这样大家再也不会不满意了吧。

没想到,刚走出一段路,又遇见了另外一批人。其中一个说:"这两个人准是疯了,竟如此残忍地对待这头可怜的驴。不用说,等走

到集市恐怕就只剩下一张驴皮了。"

磨坊主抱着头喊道："上帝啊！为什么我的每一种做法都不能令人满意呢？我试着用一下其他的方式，看能不能行得通。"于是两人都跳下来，驴子很神气地走在了他们前面。

在路上，他们又碰到了一个人。这人对他们说："难道这要形成一种风气吗？驴子逍遥自在地走在前面，主人还要耐着性子在后面跟着，遭罪的不知是驴子还是主人，我看你们把驴子给供起来吧。你们保护了驴的蹄子，却把自己的鞋底磨破了，你们的做法真可笑！"

磨坊主马上接过话茬说道："你认为我们的做法很可笑吗？就算是吧，那又怎样？今后无论做什么事情，我都要自己拿主意。不会在意别人如何评价我了。"此后，磨坊主是这样说也是这样做的，事实证明他做得还挺不错。

是啊，做任何事情都要相信自己，只要选择了就不要没有主见，因为别人的话改变自己常常是得不偿失的。坚持自己，才能活得精彩。

你是一只老虎

一只小老虎因母虎被杀而被一头山羊收养。接下来的几个月,小老虎喝母山羊的奶,跟小山羊玩,它尽力学着去做一只山羊。

过了一阵子,事情越来越不对劲了,尽管这头小老虎努力去学,它仍不能变成一只山羊。它的样子不像山羊,它的气味不像山羊,它也无法发出山羊一样的声音。其他山羊开始怕它,因为它玩得太粗鲁,而且它的身体太大。这头小老虎退缩了,它觉得被排斥,觉得自己不如别人,但它不知道自己究竟错在哪里。

一天,森林里突然传来一声巨响,山羊们四散奔逃,只有小老虎坐在岩石上不动。

突然,一头庞大的动物走向它所在的空地,它的毛皮是棕色的,中间夹杂着黑色条纹,它的眼睛炯炯如火。

"你在这羊群中干什么?"那个入侵者对小老虎说。

"我是一只山羊。"小老虎说。

"跟我来!"那头巨兽以一种权威者的口吻说。

小老虎浑身发抖,跟着巨兽走入丛林中,最后,它们来到一条大河边,巨兽低下头去喝水。

"过来喝水。"巨兽说。

小老虎也走到河边喝水,它在河中看到两头一样的动物,一头稍大,一头较小,但都是棕色并有黑色条纹的。

"那是谁?"小老虎问。

"那是你,真正的你!"

"不,我是一只山羊!"小老虎抗议道。

突然,巨兽弓起身子,发出一声巨吼,整个丛林仿佛都为之动摇。等声音停止后,一切又都变得静悄悄的。

"现在,你也吼一下!"巨兽说。

小老虎感到体内有股东西在蠢蠢欲动,一直涌到它的小腹,

逐渐弥漫到它的全身，这时，它再也忍不住了，终于大吼了一声。

"现在！"那头大斑斓虎说，"你是一头老虎，不是一只山羊！"

小老虎开始明白，它为何在跟山羊玩时感到不满意。接连三天，它都在丛林漫步。

从此以后，每当它对自己是老虎感到怀疑时，它就会弓起身子大吼一声。它的吼声虽不及大虎那般雄壮，但谁又能够再对它产生怀疑呢？

老虎是比山羊强大很多倍的动物，可小虎为什么认为自己不是虎呢？因为它没有发现自己的潜能，总不自信，把自己当成一个弱者，是大虎的吼声唤醒了它内心深处的虎性，它的吼声才让它想起自己是虎。我们不妨也像小虎一样"吼一吼"，唤醒我们内心深处的潜能，你会发现你也一样棒。

小公主和地精

从前有一位非常美丽的小公主,她在城堡里无忧无虑地长大。有一天夜里,她在房间里睡觉。黑暗中,有一只像大老鼠一样丑陋的地精悄悄爬到她的床上打算要捉弄她。接着又来了好多的地精围绕在她的身边窃笑着。公主从睡梦中惊醒,睁眼看到地精,被吓坏了,无法发出任何声音来。

地精们一边拉扯着她,一边你一句我一句地说:"你这个忘恩负义的家伙!你难道忘了你原来也是个地精,和我们一样?当真正的公主还很小的时候,我们把她杀了,是你吃了她的骨髓才能长得像人类一样高大。虽然你长得像人类,但是你体内流的是地精的血液,你骨子里还是个地精啊!"

几只地精把一面镜子拿到她的面前,对她说:"不信的话你自己照镜子看看!"公主从镜中看到自己的鼻子有点圆,看起来有点像地精;眼睛有点小,也有点像地精,越看就越觉得自己的脸长得像地精。公主开始怀疑起来,它们说的是不是真的。

　　那些地精一边嬉闹着叫喊"公主是个地精",一边暗自窃笑他们的恶作剧成功了。公主不知道,在她被地精吵醒之前,屋里面的镜子就已经被地精下了魔咒,公主在照镜子时看到的自己变得越来越像地精,而不是依旧美丽的自己。

　　从那一夜起,公主变得很忧伤,整天不出房门一步,只是一直暗自垂泪,担心人们看到她时会嘲笑她丑陋的外表。地精们也每晚都到她的房里胡闹,不断骚扰、折磨着公主,还把她的房间弄得又脏又臭又乱。

公主忍不住去问她母亲："母后，我是不是长得很丑？"

母后回答她："怎么会？你是世界上最美丽、最可爱的公主了！"

公主心想：母后一定是因为爱我，所以才会对我说安慰的话。

过几天就是公主十六岁的生日了，她的母后看到公主每天都不快乐的样子，决定为她办一场生日舞会，想借着热闹的气氛使公主开心起来。公主担心别人嘲笑她丑陋的样子，当然是坚决反对，但舞会仍在母后的坚持下举行了。

公主披散着长发遮掩她的容貌，只透过刘海窥视舞会中的人群。

许多俊美且年轻有为的青年来邀请公主跳舞，可是全被公主一口回绝了。公主觉得他们只是来讽刺她的丑陋，越多人来向她邀舞她越觉得羞耻，觉得愤怒。

日子一天一天过去了，镜中的公主一天比一天更像地精，公主更是紧闭门窗，生怕别人见到自己的丑陋。镜子上的魔咒始终没被解除，因为只有早晨灿烂的阳光才能解除这道魔咒。

一天，偶然之中一道阳光射进了公主的房间，照到被下了魔咒的镜子，破解了魔咒。公主经过镜子前，发现自己的面貌仍然如此美丽，这才恍然大悟，原来这一切都是地精们搞的鬼。

　　当晚地精仍像平常一样到公主房里胡闹,公主不动声色,假装仍未识破地精的诡计,任由地精胡闹下去。直到天快亮时,公主说她实在受不了了,哀求地精赶快离去。她知道越是向它们哀求,它们就越是猖狂不肯离去。她假装退缩到窗前,地精们也都聚集在她的跟前捉弄她。等确认太阳已经出来之后,公主猛然将窗帘拉开。强烈的阳光照射在那些地精身上,使它们在地上痛苦地扭曲翻滚,逐渐缩成一团。虽然憎恨地精对她恶毒的捉弄,但眼看着地精们在自己眼前受到如此巨大的痛苦,善良的公主还是有些不忍。

　　阳光继续照在那些干球上,那些球渐渐由黑褐色变成透明的,最后变成一只只美丽的精灵仙子,鼓动着透明的羽翼向窗外飞去。

　　有一只精灵仙子停在窗台上对她说:"谢谢你救了我们!我们原是北方的仙子,受到巫师的诅咒变成地精的样子。我们因为变成一副丑陋的样子,而且只能住在阴暗潮湿的地方而烦恼,所以才会

到处捉弄人来取乐。对于给你造成的痛苦,我们感到非常抱歉!'"

说完后它便随着其他的仙子向阳光中飞去。看着精灵仙子离去的光点,公主心中充满了平静。

那些丑陋的地精就像我们生活中的种种障碍,它们并不可怕,可怕的是我们失去作为美丽公主的信心,不敢迎接灿烂的阳光。

一定是乐谱错了

小泽征尔是世界著名的交响乐指挥家。人们这样评论他的指挥：他就像一位智慧的舵手，引领整个音乐航船向前行进。

一次，他去欧洲参加指挥家大赛。在进行前三名决赛时，他被安排在最后一个，评判委员会给了他一张乐谱。

指挥大赛决赛正在进行着，很快轮到小泽征尔出场了。他平静地走上台，恭敬地向评委们鞠了一个躬，然后转身面向乐队。随着他手中的指挥棒轻轻一挥，乐队开始演奏，音乐声舒缓地响起。

渐渐的，小泽征尔发现曲调有些不和谐。开始时，他以为是演奏家们演奏错了。他示意乐队停下来，重新开始演奏。但第二次演奏还是不能让人满意，乐曲中总有那么几个音符让人觉得很别扭，听着不舒服。于是，小泽征尔再一次停了下来。这次，他向评委提出："乐谱出错了。"

在场的评委都是当时音乐界很有权威的人。"不可能，乐谱没错。"一个评委肯定地说。

此时,所有人的目光都集中在小泽征尔身上,等待着他的回应。小泽征尔微微低下头,合上眼,静静地冥想片刻,突然,他大喊一声:"不,一定是乐谱错了!"

霎时间,整个音乐厅出奇地安静。可是,片刻之后,评委席上响起热烈的掌声……

原来这是评委精心设计的圈套,他们想看一看,如果指挥家发现乐谱有错,但遭到否定时,能不能坚持自己的观点。小泽征尔用行动证明,他是胜利者。

拯救你们的是你们自己

在一个著名的古庙里，站立着一尊高大的塑像，人在他的旁边，伸直了手还摸不到他的膝盖。很多年以来，他都使看见他的人不由自主地肃然起敬，感到自己的渺小、卑微，因而渴望能得到他的拯救。

这尊塑像站了几百年了，他觉得这是一个苦差事，面对着渴望从他那里得到帮助的芸芸众生，他知道自己无能为力。他出于羞愧而感到厌烦，最后终于向那些膜拜者说话了：

"众生啊，你们做的是多么可笑的事！你们以自己为模型创造了我，把我加以扩大，想从我身上产生一种威力，借以镇压你们不安定的精神，而我却害怕你们。

"我相信：你们之所以要创造我，完全是因为你们缺乏自信——请看吧，我比你们能多些什么呢？而我却没有你们自己所具备的。

"你们假如更大胆些，把我捣碎了，从我的胸膛里是流不出一滴血来的。

"当然,我也知道,你们创造我也是一种大胆的行为,因为你们尝试着要我成为一个同谋者,让我和你们一起,去欺骗更软弱的那些人。

"我已受够惩罚了,我站在这儿已几百年,你们的祖先把我塑造出来,以后你们一代一代为我的周身贴上金叶,使我能通体发亮,但我却嫌恶我的地位,正如我嫌恶虚伪一样。

"请把我捣碎吧,要么能将我缩小到和你们一样大小,并且在我的身上赋予生命所必需的血液,假如真能做到,我是多么感激你们——但是这是做不到的呀。

"因此,我认为:真正能拯救你们的还是你们自己。而我的存在,只能说明你们的不幸。"

说完了最后的话,那尊塑像忽然像一座大山一样崩塌了。

司原氏打猎

从前，有一个叫司原氏的人。有一次，他在夜间打猎，发现了一只鹿。这只鹿听到野地里传来的声音，突然警觉起来。当它看到司原氏正拉弓搭箭瞄准自己的时候，撒腿就朝东面跑了。司原氏并不气馁，他知道在大黑天鹿跑不快，于是跟在后面紧紧追赶，并且一边追赶一边大声地喊叫，试图把鹿吓懵。

正在这时，西面来了一伙追赶猪的人。他们听到司原氏的喊声，以为是东面有人在堵截这头猪，于是就跟着喊叫起来，但司原氏不知那伙人在喊叫什么。他看到那边喊叫的人很多，心想必定也是在追赶猎物，于是他放弃了自己追赶的鹿，朝众人喊叫的方向跑去，并且在半路上找了个地方隐藏起来。那伙人叫着喊着从司原氏隐藏的地方跑过去了。

过了一会儿，司原氏竟然发现离自己不远的地方有一头浑身白色、肥肥胖胖的笨兽。他十分兴奋，以为自己得到了一头吉祥的珍贵动物。司原氏扑上前去把它捉住，然后带着这吉祥的野兽回了

家。

司原氏拿出家中所有精、粗饲料来喂养这头珍贵的兽。这头兽也十分亲近司原氏。它一见到司原氏便摇头摆尾，朝他发出可爱的"哼哼"声，因此司原氏越发喜爱它了。

一天，突然刮起了狂风，下起了暴雨。暴雨淋在这头白兽身上，将粘在它身上的白色泥土全都冲刷掉了。司原氏仔细一看，才发现它原来竟是自己家里丢失的老公猪，如今却被自己当做宝贝从外面带回了家里。

司原氏不能坚信自己的判断，而是盲目地相信别人，最终得到了教训。

画家的烦恼

有位画家虽然功底很好，可是一直名气不大，他想改变一下现状。于是，他想从自己这十几年来的作品中精心挑选出一幅最好的，让当地有名的画家来点评一下，如果碰到了"伯乐"，自己的出头之日也就不远了。

打定主意后，画家开始翻箱倒柜，他把自己所有的作品全都拿了出来，整整折腾了一天，最后，他选了100幅自己比较满意的作品出来。第二天，他继续挑选，这回比昨天更为细心，从这100幅作品中挑出了10幅。从第三天开始，他认真地欣赏着这10幅作品，细细品味和认真筛选之后，最终选定了一幅作品。

他拿着这幅作品反复地看了好几遍，认为它不愧是百里挑一的好画，无论从画工上还是从创意上都无懈可击。他打定主意，明天一大早就拿着这幅作品到本市最有名的画家那里去。

激动的心情让这位画家始终不能入眠，他在床上翻来覆去地折腾了两个小时后，穿上衣服下了床，把灯打开，又拿出这幅作品

仔细地看了起来。此时,他的心情真正地紧张了,因为明天他要面对的是本市威望最高的画家,如果他对这张画感兴趣,自己这么多年的心血就算是没有白费。因此,他把这幅作品中的每一笔都看得非常仔细,生怕有一点漏洞,落个贻笑大方的后果。

由于过于担心,他的手开始发起抖来,额头也渗出了冷汗。突然,他惊叫了一声,他竟然发现画中有一笔弧线并不是十分圆

滑。他充满希望的心突然凉了下来,想到:"这一笔虽然处理得不够精确,但并不影响整幅画的风格,应该不会有人看得出来。但是,明天我要见的是全市最有威望的画家,这个败笔如何能逃得过人家的眼睛呢?"为此,这个画家陷入深深的烦恼之中。

他的心情变得越来越烦躁,画中的毛病似乎也越挑越多。眼看就要天光大亮了,画家经过一宿的折腾后,手里拿着这幅百里挑一的作品直发呆,他开始怀疑起自己的画技,认为自己目前的水平就是一个不入流的画家,没有资格拿着这幅一文不值的作品去让本市最有威望的画家来点评,失望的神情已经写满了他的脸。

清晨了,画家黯然地将这幅百里挑一的作品放回了原处,取消了今天要去拜访老画家的计划……

一毫米的自信

有个年轻人是杂技团的台柱子，他凭借惊险的高空走钢丝而声名远扬。表演的时候，在离地五六米的钢丝上，他手持一根中间黑色，两端蓝白相间的长木杆掌握平衡，赤着脚稳稳当当地走过10米长的钢丝，从未有过丝毫闪失。

一次，长木杆不小心折断了，团里非常重视，千方百计找来了粗细相同、长短一致、重量也一样的木杆供他训练，直到他觉得得心应手时，团长才请油漆匠给木杆刷上与以前那根木杆相同的蓝白相间的颜色。

又是一次新的演出。在观众的阵阵掌声中，他微笑着赤脚踏上钢丝，助手递给他那根蓝白相间的长木杆，他从左端开始默数，数到第10个蓝块，用左手握住；又从右端默数到第10个蓝块，用右手握紧。这是他最适宜的手握距离。

可是他突然觉得有些不对，他感到两手间的距离比他以往的长度短了一些。他心里猛地一惊，难道是有人将木杆截短了？不可

能啊!他小心翼翼地把两手分别向左右移动,一直到适宜的距离才停住。他看了看,两手都偏离了蓝块的中间位置。他一下子对木杆产生了怀疑。

刚走了几步,他第一次没了自信,手心沁出了汗。结果,在钢丝中段做腾跃动作时,一个不留神,他从空中摔了下来,折断了踝骨,表演被迫停止。

事后检查,那根木杆长度并没变,只是粗心的油漆匠将蓝白色块都增长了一毫米。

很多时候,我们的自信受到习惯思维的影响,木杆的长度没有变,但自信的距离改变了。就是这一毫米的变化,影响了他的成败。

我就是喜欢我

我们必须要自信,努力坚守好自己的位置,因为做自己才是最美丽的。

"我好幸运啊!"青蛙一边欣赏着自己在水中的倒影一边说,"我漂亮、会游泳,跳水又比其他人跳得好。我是绿色的,而绿色是我最喜欢的颜色。这世上最好的事就是做一只青蛙。"

"那我呢?"小鸭问,"我是白色的。难道你不觉得我也很漂亮吗?""才不呢!"青蛙说,"你身上没有绿色。""但是我会飞,"小鸭说,"而你不会。"

"哦,是吗?"青蛙说,"我从没有看你飞过。""我是有点儿懒。"小鸭说,"但是我可以飞。你看!"她跑了几步,大声地拍动着翅膀。

然后,小鸭突然从地面升起,优雅地飞向天空。她飞了几圈之后,降落在青蛙面前的草地上。

"太棒了！"青蛙大叫，崇拜地说，"我也想要飞！""你不行！"小鸭说，"你没有翅膀。"然后很得意地回家了。

于是青蛙一个人开始练习飞行。他向前跑了几步，然后张开手臂，上下拍打。但是不论他怎样努力，都没办法飞离地面。

青蛙变得很灰心。"我是一只没用的青蛙。"他想，"我连飞都不会。真希望自己也能有翅膀。"突然，青蛙想出了一个聪明的办法。他相信只要是小鸭能做的，自己也能做。

青蛙花了一个星期的时间，用一块旧床单和一些细绳做了一对翅膀。他终于可以做一次试飞了。

他爬上河边的山丘，像小鸭一样，跑了几步，然后张开手臂，跳向天空。

开始，他像鸟儿一样在天空中盘旋了一会儿。但是不久，翅膀断了。他就像石头一样落下来，"啪"的一声，掉进了河里。这至少还算是安全降落。

老鼠看到青蛙狼狈地从水里爬出来，便对他说："你要知道青蛙是不会飞的！""那你呢？"青蛙问。"当然不会！"老鼠说，"我又没有翅膀，但是我很会做东西。"

青蛙在回家的路上一直想着这件事，他打算去问问小猪。青蛙到小猪家的时候，小猪正从烤箱里拿出一个蛋糕。"小猪，你会

不会飞?"青蛙问。"当然不会了!"小猪说,"我想我在天上可能会想吐。"

"那你会什么呢?"青蛙问。"很多东西啊!"小猪骄傲地回答,"我能做世界上最好吃的蛋糕,而且我很漂亮。我全身是粉红色的,粉红色是我最喜欢的颜色。"青蛙不得不承认这是事实。"我打赌我一定也可以做蛋糕。"青蛙回到家后想着。他将所有他能找到的东西都丢进碗里,像小猪一样进行搅拌。

青蛙再把搅拌的东西丢进平底锅里,放到炉子上。"看吧!"青蛙心想,"我的蛋糕一定很好吃。"

但是没过多久,浓烟从锅里冒了出来,有一股很难闻的味道。蛋糕烤焦了。"我连蛋糕都不会做。"青蛙觉得很伤心。他跑去找野兔。

"我可不可以跟你借一本书?"青蛙问。

"你会认字吗?"野兔惊讶地问。

"不会!"青蛙说,"或许你可以教教我。"

"你看!"野兔说,"这是字母O,这是字母A,这是字母K,还有这……"

"好了,知道了。"青蛙没耐心听完,就夹着书跑回家了。

青蛙舒舒服服地坐下来,打开书。但是书上充满了陌生的符号,

青蛙一个字也不认得。一小时以后,他一点也没有变聪明。"我再也不要看这本书了!"青蛙说,"这太难了。我只是一只既普通又愚蠢的青蛙。"

青蛙沮丧地将书还给野兔。"怎么样?"野兔问,"你喜欢吗?"青蛙遗憾地摇摇头,"我不认识字、不会烤蛋糕、不会做东西,又不会飞。你们都比我聪明,我什么都不会。我只是一只普通的绿青蛙。"青蛙哭着说。

"可是,青蛙啊!"野兔说,"我也不会飞呀!也不会烤蛋糕或做东西。我没办法像你那样游泳和跳跃……因为我是一只野兔,而你是一只青蛙。但是我们大家都爱你。"

青蛙陷入了沉思,他走到河边望着水中自己的倒影。这就是我!他想,一只穿着条纹泳裤的绿色青蛙。

突然间,青蛙感到非常愉快。"野兔说得对,"他想,"我很幸运是一只青蛙。"然后他快乐地一跳———一个很大的青蛙跳,这可是只有青蛙才能做得到的啊。他感觉自己像在飞。

王者之风

威严凶猛的狮子一直都是动物界的万兽之王，它就是勇敢和力量的象征。森林中的动物们都对狮子又敬又怕，不过一向对狮王地位虎视眈眈的老虎却视狮王为一大劲敌。

应该怎样打败狮王呢？老虎几乎每天都在思考这个问题，明目张胆地挑衅虽然来得最直接，但是却没有打赢的把握；即使最后能够勉强胜利，恐怕自己也要身受重伤，这只能让其他动物从中得利。

在狐狸的建议下，老虎想了一个妙招：它趁狮子呼呼大睡时，将一张人类丢下的标签粘在了狮子的前腿上，标签上写着一个大大的"驴"字，而且还有具体的编号、日期和公章。

狮子醒来之后发现了标签，愤怒的咆哮声响彻整个草原，它想摘掉这个标签，可是在抬起前腿的那一刻却犹豫了，"这个标签看来大有来头，似乎来自于权威机构，如果就这样摘掉，会不会惹祸上身？"于是它决定去找权威机构验证自己是一头雄狮而不是一

头蠢驴。

可是它在草原上跑了一大圈,还是没有找到所谓的权威机构。草原上历来都遵从胜者为王、败者为寇的竞争法则。长期以来大家都对狮子唯命是从,如今狮子要让大家来证明自己的身份,动物们

都感到不可思议。不过看到狮王突然之间已经没有了往日的威风，动物们都有些幸灾乐祸，而且对它也不再那么害怕了。

当狮子问狼自己是不是狮子时，狼回答道："你当然是狮子，大王。可是按照标签的证明你却成了一头驴子。"听到狼的回答，狮子大怒，它决定去问老实的袋鼠，可没想到袋鼠的回答也是支支吾吾。

于是它直接向驴求证，驴子虽然说狮子与自己有很多不同特征，可是最后却嘟囔着说："也许你是另外一种驴子。"狮子又分别找到狐狸、兔子还有猴子，它们虽然都表示狮子仍然具有雄狮的特征，但是谁也不能断定它是不是一头驴子。

就这样，狮子前腿上的标签一直没有被摘掉，它也因此不再像以前一样追逐猎物，而是像驴子一样看到凶猛的动物撒腿就跑。当然，它也不忘继续向动物们求证自己的真实身份。

一天又一天过去了，现在动物们更不能证明狮子的身份了。其实连狮子自己也渐渐地不敢相信自己就是一头威猛的雄狮。

终于有一天，动物们看到狮子加入了驴群，它开始有滋有味地吃着河边的嫩草，而老虎则不费吹灰之力就成为这里新的首领。

从你出生到死亡，种种经历总是变化莫测。无论世事如何变化，重要的是你一直相信自己。强者为自己的目标活着，弱者为别人的

议论活着。

狮子因为对自己产生怀疑而失去自我,是因为它对自己没有信心。而我们看过以后,千万不要只觉得可笑,在生活中,我们自己可不要扮演狮子哦!

轻轻告诉你

正视自我——发掘自信

建立自信,最重要的就是更新自己的观念,学会正视自己。

正视自己,就要有自知之明。不仅有自知短处之明,也要有自知长处之明。只有这样,与人相处时才能不卑不亢。在对方占优势时,我很谦虚,但不自卑;在对方占劣势时,我很庄重,但不自傲。

正视自己,就要善于发现自己的优点,敢于相信自己是优秀的,克服对别人的恐惧。如果总是对自己的缺点耿耿于怀,就容易滋生自卑情绪,总觉得自己不行,让人瞧不起自己。就像故事中喜欢自己的小青蛙,最终找到了真正的自己;而本来是森林之王的狮子,却受别人的影响,最后变成了一只"驴子"。

正视自己,从思想上要适当地抬高自己,学会尊重自己。我们既不可无端贬低别人,使自己高高在上,也不可盲目拔高别人,使自己匍匐在地。与人交往时要在人格上保持平等,

既不鄙视任何人,也不膜拜任何人。

正视自己,从言行上要不卑不亢,通过自信的举止,培养自信的心态。

请记住这个信条:要自我欣赏,不要自暴自弃。你想成为什么样的人,就真的会成为什么样的人。你以为自己更有分量、更有价值时,就真的会更有分量、更有价值。

希望在前

有一个人不小心掉到河里去了,水流很急,他被水冲得不知所措,只好顺流而下。他拼命地在水中乱抓,希望能抓住什么东西来救自己一命,但是手里抓到的除了水之外,连根水草都没有!

他心想:"这下完了,没救了!"这样想着,他身上也就没有了力气,他停止了挣扎,向下沉去。

忽然,他想起在不远处的河岸边有一棵树,有些树枝一直伸到河水里面,他可以抱住那棵树……希望之火又在他心中重新燃起。于是他使出浑身力气挣扎到那棵树的旁边。可是伸到河里的那一截树枝早已枯死了,他刚拽住树枝,就听到"喀嚓"一声,树枝断了……

就在这时,有位樵夫及时赶到,将他从河中救了上来。事后

他说:"要不是心中想着那棵树,我根本等不到有人来救我!"

还有一则类似的故事。说的是一位独行者在大漠中迷失了方向,最后他身上只剩下一个梨。他惊喜地喊道:"太好了,我还有一个梨,它能救我的命!"

他把那个梨紧紧地握在手中,继续在大漠里行走。他望着茫茫无际的大沙漠,很多次对自己说:"吃一口吧!口渴得实在难受。"可是转念一想:"还是留到最干渴的时候吧!"

于是他顶着炎炎烈日,继续艰难地跋涉。就这样一直坚持了三天,终于走出了大漠。他久久地凝视着手中的那个梨,它早已经干了,可是他还是像拿着个宝贝似的把它攥在手里,就是这个梨给了他无穷的希望和勇气,他才能走出大漠,挽救自己。

把梦想交给自己

美国一座偏远的小镇里住着一位富家公子，名叫伯杰。一天晚餐后，伯杰欣赏深秋美妙的月色时，看见窗外的街灯下站着一个青年，身上穿着破旧的外套，显得很瘦弱。

他问那青年为何长时间站在这里，青年满怀忧郁地说："我有一个梦想，就是自己能拥有一座宁静的公寓，晚饭后站在窗前欣赏月色。可是这些对我来说简直太遥远了。"

伯杰说："那么离你最近的梦想是什么？"

"是能够躺在一张宽大的床上舒服地睡一觉。"伯杰拍了拍他的肩膀："朋友，今天晚上我可以让你梦想成真。"于

是，伯杰领着他走进了公寓，指着那张豪华的软床说："这是我的卧室，你睡在这儿，保证像天堂一样舒适。"

第二天清晨，伯杰推开自己卧室的门，却发现床上的一切都整整齐齐，分明没有人睡过。伯杰疑惑地走到花园里，他发现，那个青年人正躺在一条长椅上甜甜地睡着。

青年醒来后，笑笑说："你给我这些已经足够了，谢谢……"说完，头也不回地走了。

30年后的一天，伯杰突然收到一封精美的请柬，一位自称是他"30年前的朋友"的男士邀请他参加一个湖边度假村的落成庆典。在这里，伯杰看到了即兴发言的庄园主人。

"今天，我首先感谢的就是在我成功的路上，第一个帮助我的人。他就是我30年前的朋友伯杰！"此时，伯杰才恍然大悟：眼前这位名声显赫的大亨，就是30年前那位穷困的青年。他对伯杰说："当你把我带进寝室，我真不敢相信梦想就在眼前。那一瞬间，我突然明白，那张床不属于我。我要把自己的梦想交给自己，去寻找真正属于我的那张床！现在我终于找到了。"

信心的力量

无论生命的旅程是一帆风顺，还是充满磨难，都要在内心永远保存一份永不熄灭的信心。当我们的灵魂感受到信心激荡的信息，便会唤起无限的力量，去创造生命的奇迹！

多年前，一位穷苦的牧羊人领着两个年幼的儿子靠替别人放羊来维持生计。一天，他们赶着羊来到一个山坡，这时，一群大雁鸣叫着从他们的头顶飞过，并很快消失在远处。

牧羊人的小儿子问他的父亲："大雁要往哪里飞？"

"它们要去一个温暖的地方，在那里安家，度过寒冷的冬天。"牧羊人说。

他的大儿子眨着眼睛羡慕地说："要是我们也能像大雁一样飞起来就好了，飞得比大雁还要高，去天堂看妈妈是不是在那里。"小儿子也对父亲说："做个会飞的大雁多好啊！那样就不用放羊了，可以飞到自己想去的地方。"

牧羊人沉默了一下，然后对两个儿子说："只要你们想，咱们

也能飞起来。"两个儿子试了试,并没有飞起来。他们用怀疑的眼神看着父亲。

牧羊人说:"让我飞给你们看。"于是他飞了两下,也没飞起来。牧羊人肯定地说:"我是因为年纪大了才飞不起来,你们还小,只要不断努力,就一定能飞起来,飞到想去的地方。"

儿子们牢记父亲的话,并一直不断地努力,等他们长大以后,果然"飞"起来了:他们发明了飞机。他们就是美国的莱特兄弟。

魔法师与屠龙剑

有一位胆小的骑士，去魔法师那里学习"屠龙术"。第一天，这位骑士就向魔法师坦言自己是个胆小鬼，他确信：他一定会因为过分害怕而无法杀龙。

魔法师叫他不要担心，因为自己可以给他一把"屠龙剑"，只要这把屠龙剑在手，任何人要杀任何一条龙都不可能失败。有了这样一种非凡魔法的支持，那个骑士感到非常高兴：屠龙剑在握，任何骑士，不管他是多么没用，都能够杀龙。那个胆小的骑士用那把屠龙剑，依魔法师的指点杀死了一条又一条的"龙"，解放了一个又一个被龙绑架的少女。

在这个课程快要结束的时候，魔法师对他的学生做了一次小小的测验，派他到野外去杀真龙。在一阵兴奋当中，他很快来到了洞口，要解救一个被绑的少女。这时，那条口中喷火、张牙舞爪的龙冲了出来。这位年轻的骑士把剑抽出来准备攻击这条正在发威的龙。正当他要砍下去的时候，他却发现自己拿错了剑，这把剑并不

是那把屠龙剑，只是一把普普通通的剑。

但是，此时想要停下来已经来不及了，他用那只经过训练的手臂，将那把普通的剑挥舞了起来，出乎他预料的是，那条龙的头居然就这样掉了下来。随后，他腰间系着那条龙的头，手中拿着那把剑，后面还拖着一个少女，无比兴奋地回到了他的老师面前，他赶忙将自己的错误以及自己那无法解释的"勇气"告诉了魔法师。

听完那位年轻骑士的故事之后，魔法师笑了。他对那位年轻的骑士说："我想你现在大概已经知道了：没有任何一把剑是屠龙剑，也没有任何一把剑曾经是屠龙剑，唯一的魔法在于你的自信。"

蜘蛛侠的地图

喜欢冒险的汉斯去姨父姨妈家,决定攀爬他们家附近那座神秘的大山。姨父说:"真不巧,这几天我很忙,因为我的族人等着我开会。等我有时间了,再带你去吧。没人领着,你很可能会迷路的。"

姨父是族长,主持族人开会是他的头等大事,汉斯不希望影

响他,便说:"怕什么,我就一个人上山。万一迷路了,我就用手机打你的电话,向你求助。"姨父笑着说:"那好吧,祝你一切顺利。"汉斯自信地说:"不会有事的,我相信自己一定能够安全返回。"

汉斯一个人出发了,一路上很顺利,到达山顶后正准备返回,突然狂风大作。姨父说过,必须等大风过去了,才能继续行走。汉斯只得找了个避风的地方,拿出睡袋钻了进去。一个小时后,汉斯从睡袋里爬出来,眼前竟然没有路了。

汉斯原地转了一圈,看得见的地方都是那么眼熟,却不知哪条才是回山下姨父姨妈家的路。汉斯想打电话向姨父求助,可是,除了那个睡袋,他的身边什么都没有了,刚才的大风将他的行囊刮得无影无踪。

汉斯无计可施,只好收起睡袋,准备尝试探路下山,却在睡袋里发现了一张简易的地图。呵,肯定是姨父有意放进去的!汉斯来了精神,根据地图的指示,边走边判断,终于顺利地下了山,回到姨父家。

一进门,汉斯就向姨父道谢:"我真的迷路了,而且手机让风吹跑了,没办法向你求助。多亏了你的地图,不然,我不知到几时才能'摸'下山呢。"

姨父奇怪地问:"地图,我什么时候给过你地图?"

汉斯拿出那张地图说:"这不是你放进我的睡袋里的吗?"

姨父接过地图一看,哈哈大笑起来:"这是你的小表妹画的'超级蜘蛛侠',你看,这些线条不都是蜘蛛的长腿吗?"

汉斯惊奇地说:"可是,我真的是拿着这张'地图'找到了下山的路啊。"

姨父说:"哦,我明白了,这张'地图'确实有功劳。"

汉斯略加思索,笑了:"我也明白了。蜘蛛的长腿给了我信心,使我可以冷静地凭知识正确地判断出方向。"

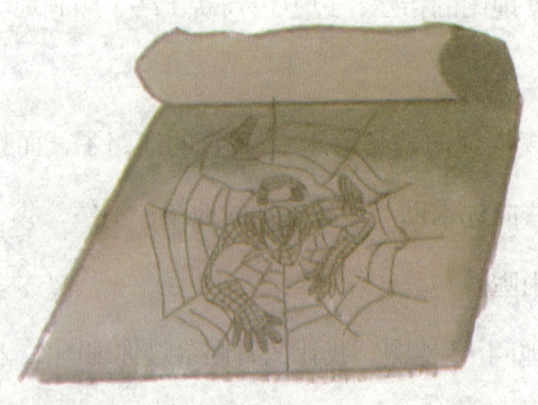

自己拯救自己

有一个穷人为农场主做事。有一次，穷人在擦桌子时不小心碰碎了农场主一只十分珍贵的花瓶。

农场主向穷人索赔，穷人哪里能赔得起。最后被逼无奈，只好去教堂向神父讨主意。神父说："听说有一种能将破碎的花瓶粘起来的技术，你不如去学这种技术，只要将农场主的花瓶粘得完好如初，不就可以了？"

穷人听了直摇头，说："哪里会有这样神奇的技术？将一个破花瓶粘得完好如初，这是不可能的。"

神父说："这样吧，教堂后面有个石壁，上帝就待在那里，只要你对着石壁大声说话，上帝就会回答你的。"

于是，穷人来到石壁前，对石壁说："上帝，请您帮助我，只要您帮助我，我相信我能将花瓶粘好。"

话音刚落，上帝就回答了他："能将花瓶粘好，能将花瓶粘好……"

穷人听后信心百倍，他辞别了神父，去学粘花瓶的技术了。

一年以后，这个穷人通过认真地学习和不懈地努力，终于掌握了将破花瓶粘得天衣无缝的本领。他真的将那只破花瓶粘得像没破碎时一般，还给了农场主。之后，他要去感谢上帝。神父将他领到了那座石壁前，笑着说："你不用感谢上帝，你要感谢就感谢你自己。其实这里根本就没有上帝，这块石壁只不过是块回音壁，你所听到的上帝的声音，其实就是你自己的声音。你就是你自己的上帝。"

白绢地图

古代有一位得道高僧,收了一个小和尚为徒。这个小和尚聪明伶俐,却因患眼疾而看不见任何东西,因此他十分缺乏自信,高僧因此也十分着急。

一天,高僧将小和尚叫到跟前,让他将一套经书送往西域的一座寺庙中。小和尚接过经书却犯难了,他想,自己一个瞎子如何能够千里迢迢去送经书呢?高僧看出了小和尚的顾虑,便将一块白绢布交到小和尚的手中,并且对他说:"这是一张地图,当你找不到前进的方向时,可以把地图拿给别人看,让别人给你指路。但是,不到万不得已时不能打开地图。"

小和尚遵从师命出发去了西域。一路上,他千方百计地打听去那个寺庙的路线。途中经过了许多地方,也吃了不少的苦,但他始终牢记师父的叮嘱,没有打开那张地图。

快到那个寺庙的时候,他遇到了旅途中最艰难的时刻,于是拿出怀中的地图向别人打听。但是,路人都说那根本不是什么地图,而是一块普通的白绢布而已。小和尚顿时傻眼了,分明是师父给的那块白绢布,上面怎会空无一物呢?小和尚冥思苦想,终于明白了师父的良苦用心。

师父用一块没有地图的白绢布,为小和尚树立了前进的信心,也给了他无限的希望和勇气。最后小和尚靠着自信和聪慧,终于渡过了难关,顺利地到达了目的地。

一块没有地图的白绢布,为小和尚树立了坚定的信心,也带给了他无限的希望。

纯白金盏花

美国一家报纸曾刊登了一则园艺所重金悬赏寻找纯白金盏花的启事，在当地引起了轰动。高额的奖金让许多人趋之若鹜，但除了棕色的与金色的之外，白色的金盏花并没有被人培育成功。一段时间之后，这件事便被人们抛到九霄云外去了。

20年后的一天，当年那家刊登启事的园艺所收到了一封热情的应征信和100粒"纯白金盏花"的种子。

令人难以置信的是，寄种子的原来是一位年已古稀的老妇人。为了不让老妇人失望，人们将这些种子种下了。一年后，一大片纯白色的金盏花在微风中摇曳，让人叹为观止。

原来，老人是位爱花人。当她偶然看到那则启事后，便怦然心动，决定培植白色金盏花。她的决定遭到了8个子女的一致反对。毕竟，一个连专家都无法完成的事，让一个压根儿就不懂遗传学的年迈老人去做，岂不是痴人说梦。

老人还是痴心不改，她将普通的金盏花种子撒下，从开出的

　　金盏花中挑选颜色最淡的，任其自然枯萎，以取得最好的种子。次年再从中选取颜色最淡的花的种子……日复一日，年复一年，老人的丈夫去世了，儿女远走了，生活中发生了很多的事，但唯有种出白色金盏花的信念在她心中根深蒂固。

　　终于，20年后的一天，她在那片花园中看到了一朵如银如雪的白色金盏花，并得到100粒"纯白金盏花"的种子。

　　当年那颗再普通不过的种子，也许很多人的手都曾捧过，只是他们少了一份对希望之花的信念与执著。如果你能把梦想的种子种在心里，即使这颗种子最普通，也能生长出奇迹。

握住自信

　　有一位女歌手,她第一次登台演出时心里十分紧张。想到自己马上就要上场,面对上千名观众,她的手心都在冒汗。她想:要是在舞台上一紧张,忘了歌词怎么办?越想她的心跳得越快,最后她甚至产生了打退堂鼓的念头。

　　这时一位前辈走了过来,问她怎么回事。她把自己的担心告诉了这位前辈,前辈听完她的话什么也没说,走进旁边房间里不一会儿又走了出来,将一个纸卷塞到她的手里,轻声说道:"这上

面写着你所唱的歌的歌词，如果你在台上忘了词，打开看看就行。"她像握着一根救命的稻草一样拿好这个纸卷，匆匆上了台。把那个写有歌词的纸卷握在手里，她心里踏实多了，她在台上发挥得相当出色，不仅没有忘记歌词，而且还唱得非常投入，非常动情。

她高兴地走下舞台，向那位前辈致谢。前辈却笑着说："是你自己战胜了自己，找回了自信。其实，我给你的，是一张白纸，上面根本什么也没写！"她展开手心里的纸卷，果然上面什么也没写。她感到很惊讶，自己只是握住一张白纸，竟顺利地渡过了难关，获得了演出的成功。

"你握住的这张白纸，并不是一张白纸，而是你的自信！"前辈说。

歌手拜谢了前辈。在以后的人生路上，她就是凭着握住自信，战胜了一个又一个困难，取得了一次又一次成功。

闪烁的希望

　　一只船在大海上航行,突然海风袭来卷起很大的浪潮,把船打沉了,船上人员死伤无数。有一个人却侥幸获得一个救生艇而活了下来,他的救生艇在风浪上颠簸起伏,如同树叶一般被吹来吹去。

他迷失了方向，救援人员也没有找到他。

天渐渐黑了下来，饥饿寒冷和恐惧一起袭上心头。灾难使他除了这个救生艇之外，一无所有，甚至自己的眼镜也丢了，他的心灰暗到了极点，无助地望着天边。

忽然，他看到一片朦胧的灯光，他高兴得几乎叫了出来。他奋力地划着小船，向那片灯光前进，然而，那片灯光似乎很远。天亮了，他也没有到达那里。

但是他没有死心，仍然继续艰难地划着小船，他想那里既然能看到灯光，就一定是一座城市或者港口，生的希望在他心中燃烧着。

白天时，灯光看不清了，只有在夜晚，那片灯光才在远处闪现，像是对他招手。

就这样，三天过去了，饥饿、干渴、疲惫严重地折磨着他。有好几次，他都觉得自己快要崩溃了，但一想到远处的那片灯光，他又陡然增添了许多力量。

第四天，他依然向着那片让他有生还希望的灯光划着。最后，他实在是支撑不住了，昏倒在艇上。虽然如此，他的脑海中却始终闪现着那片灯光，他依然认为自己能够活着到达那片有灯光的港湾或码头。

到了晚上,终于有一艘路过的船把他救了上来。当他醒来时,大家才知道,他已经不吃不喝在海上漂泊了四天四夜。

有人问他是怎么坚持下来的,他指着远方的那片灯光说:"是那片灯光给我带来了希望。"

大家顺着他指的地方望去,那哪里是什么灯光,只不过是天边闪烁的星星!

在我们生命的旅途中,一定会遇到各种挫折和困难。只要不放弃希望,心中有一个坚定的信念,努力地去寻找,就一定会渡过难关的。

轻轻告诉你

心中充满希望——树立自信

自信和希望是一对孪生兄弟。自信是希望能够实现的一个条件，而希望则是自信产生的沃土。一个没有希望的人，不可能有坚定的信心；而没有坚定的信心，希望就很可能成为空想。

充满希望意味着相信自己有能力做得更好，而要使希望成为现实，就得有足够的自信心，并采取实实在在的行动。所以，必须摒弃那种一切都是无望的观念，相信一切都是有希望的。

故事中那个依靠一片遥远的星光活下来的海上遇难者，那个凭借一张白纸克服胆怯的女歌手……他们之所以能够创造奇迹，其实都是缘于心中的希望，这种希望产生了无穷的动力，使他们拥有勇气和信心。

一个人若丧失了希望，将进入一种无力自拔的境地。他将感到沉重的压抑，好像被囚禁在人生的囚笼里。最终，一切希望都化为乌有时，生活也就真的没有意义了。

你确实无法用希望来移动一座山,也无法靠"希望"实现你的目标。但是,强烈的愿望却可以产生坚定的信念,催生果断的行动,从而使希望变成现实。

想让你的生活充满希望吗?那就下定决心排除外界的干扰,对可能遇到的困难和风险有充分的心理准备吧,你的信心会在希望中不断增强!

摩托车竞赛

欧洲某个城镇又热闹起来了,这里正在举行一年一度的摩托车比赛,全球的好手都陆续进入这个镇。

许多竞赛好手都提前两三个星期到当地训练,以适应现场的地理环境。

在众多好手中,有三个不同信仰的华侨青年。

第一个相信宿命论。有一次他在竞赛时滑倒了,无论他后来如何拼搏都无法改变失败的结果。此后,每遇比赛一旦他不幸滑倒,就会自动弃权,因为他认为那是命中注定的,无法更改。他将整个竞赛的成败,寄托于冥冥中的"命运"。

第二个青年,从小就喜欢朝拜三国时期的"关公"。每逢竞赛之前,他一定跟随父母到附近唐人街的一个关帝庙去烧香,向庙内的童子询问"结果"。若那名童子准许他参加竞赛的话,他便会很有信心地去参赛;否则,便放弃。至于这次参赛,他父母已到关帝庙询问过了,童子很肯定地告诉他父母说,这次一定能夺冠,他会

得到关帝的帮助的。

最后一个青年,是第一次参赛。他这次参赛的目的也是为了夺冠,赢得那10万美元的奖金,好让他重病的母亲有钱去治疗。他每天都勤奋地练习,跌倒了,又爬起来。他不断鼓励自己:"我一定要得到冠军!"他将这场比赛的胜利,掌握在自己手中。

不久,比赛开始了。一听到比赛开始的枪声,上百名选手便往前冲去。现在,让我们将注意力放在那三个青年的身上。

第一个青年在比赛开始后不久,因路滑而跌倒,他便将摩托车推到路旁,很无奈地看着许多竞争者从他的眼前驰过。"唉,这是上天的安排,有什么办法呢。"

第二个青年因有"神"助而拼命地奔驰,突然,在一个转弯处,他一个不留神,发生了意外,人仰车翻,不省人事。后来,他的父

　　母很生气地赶到那间关帝庙去责问那个童子。童子正在睡午觉,被他们吵醒了。"关老爷,你说保佑我的儿子平安无事,一定得冠军。但是他在比赛时却发生了意外,你到底有没有保佑他?"那青年的父母很生气地说。"关老爷"揉着矇眬睡眼说:"唉,我已尽力在旁帮助你儿子了,当他要跌倒时,我也尽力赶去扶他,但他骑的是摩托车,我骑的是老马,怎么能追得上呢?"

　　至于第三个竞赛者,他也拼命奔驰。一旦摔倒了,他又赶忙爬起来,忍痛继续冲刺。滚滚沙尘,炎炎烈日,均无法泯灭他那颗炽热的心。由于将成败掌握在自己手中,终于,他夺得了冠军。

愚公移山

有一位老人，名叫愚公，快九十岁了。他家的门口有两座大山，一座叫太行山，一座叫王屋山，人们进进出出非常不方便。

一天，愚公召集全家人说："这两座大山，挡在了咱们家的门口，咱们出门要走许多冤枉路。咱们不如全家出力，移走这两座大山，大家看怎么样？"

愚公的儿子、孙子们一听，都说："您说得对，咱们明天开始动手吧！"可是，愚公的妻子觉得搬走两座大山太难了，提出反对意见说："咱们既然已经在这里生活了许多年，为什么不能这样继续生活下去呢？况且，这么大的两座山，即使可以一点点移走，哪里又放得下这么多石头和泥土？"

愚公妻子的话立刻引起大家的议论，这确实是一个问题。最后他们一致决定：把山上的石头和泥土，运送到海里去。

　　第二天,愚公带着一家人开始搬山了。他的邻居是一位寡妇,她有一个儿子,才七八岁,听说要搬山,也高高兴兴地来帮忙。但愚公一家搬山的工具只有锄头和背篓,而大山与大海之间相距遥远,一个人一天往返不了两趟。一个月干下来,大山看起来跟原来没有两样。

　　有一个老头叫智叟,为人处世很精明。他看见愚公一家人搬山,觉得十分可笑。有一天,他对愚公说:"你这么大岁数了,走路都

不方便,怎么可能搬掉两座大山?"

愚公回答说:"你名字叫智叟,可我觉得你还不如小孩聪明。我虽然快要死了,但是我还有儿子,我的儿子死了,还有孙子,子子孙孙,一直搬下去,无穷无尽。山上的石头却是搬走一点儿就少一点儿,再也不会长出一粒泥、一块石头的。我们这样天天搬,月月搬,年年搬,为什么搬不走山呢?"自以为聪明的智叟听了,再也没话可说了。

愚公带领一家人,不论酷热的夏天,还是寒冷的冬天,每天起早贪黑挖山不止。他们的行为终于感动了天帝。天帝便派遣两名神仙到人间去,把这两座大山搬走了。但是愚公移山的故事一直流传至今。它告诉人们,无论多么困难的事情,只要充满信心,不被困难吓倒,坚持不懈地做下去,就有可能成功。

服务生与劳斯莱斯轿车

美国著名企业家威尔逊在发家之前，曾经在一家酒店做服务生。当时他刚刚中学毕业，能干的活就是替客人搬搬行李、擦擦车子，除此之外，他什么都不能插手。

有一天，一辆豪华的劳斯莱斯轿车停在酒店门口。车主人吩咐他："把车子替我洗洗。"威尔逊当时年纪轻轻，没见过世面，也从未见过这么漂亮的车子，不免有几分惊喜。他边洗边欣赏这辆车，擦完后，忍不住拉开车门，想上去享受一番。

这时，正巧酒店领班走了出来。"你在干什么？"领班训斥道，"你不知道自己的身份和地位？像你这种人一辈子也不配坐劳斯莱斯！"

威尔逊的自尊心受到了严重伤害，但他没有做声，而是暗自发誓："这一辈子我不但要坐劳斯莱斯，而且还要拥有自己的劳斯莱斯！"他的决心非常坚定，这成了他人生的奋斗目标。

许多年以后，威尔逊凭着自己的奋斗，终于事业有成，他果然买了一部劳斯莱斯轿车！

试想，如果威尔逊当时也像领班一样认定自己的命运，那么，也许今天他还在替人擦车、搬行李，最多也不过是一个领班。正是他对自己的肯定，以及对别人轻蔑话语的否定，才成就了今天的辉煌。

成就的取得，来自于你对自己的合适定位。要重视自己，相信自己的价值，给自己树立一个远大的理想和长远的奋斗目标，这样你才有可能拥有辉煌的人生。

精卫填海

　　太阳神炎帝有一个小女儿，名叫女娃，是他最钟爱的女儿。炎帝不仅管着太阳，还管着五谷和药材。他的事情很多，每天一大早就要去东海，指挥太阳升起，直到太阳西沉才回家。

　　炎帝不在家时，女娃便独自玩耍，她非常想让父亲带她出去，到东海太阳升起的地方去看一看。可是父亲忙于公事，总是不带她去。这一天，女娃自己一个人驾着一只小船向东海太阳升起的地方划去。不幸的是，海上起了风暴，像山一样的海浪把小船打翻了，女娃被大海无情地吞没了，永远回不来了。炎帝虽然痛念自己的女儿，但却不能使她死而复生，只有暗自悲伤了。

　　女娃死了，她的精魂化做一只小鸟，花脑袋，白嘴壳，红脚爪，人们把它叫做"精卫"。

　　精卫痛恨无情的大海夺去了自己年轻的生命，她要报仇雪恨。因此，她一刻不停地从她住的山上衔了一粒小石子，或是一段小树枝，展翅高飞，一直飞到东海。她在波涛汹涌的海面上飞翔着，悲

鸣着,把石子、树枝投下去,想把大海填平。

大海奔腾着,咆哮着,嘲笑她:"小鸟儿,算了吧,你这工作就是干一百万年,也休想把大海填平。"

精卫在高空答复大海:"哪怕是干上一千万年,一万万年,干到宇宙的尽头,世界的末日,我终将把你填平!"

"你为什么这么恨我呢?"

"因为你夺去了我年轻的生命,你将来还会夺去许多年轻无辜的生命。我要永无休止地干下去,总有一天会把你填成平地。"

精卫飞翔着、鸣叫着,离开大海,又飞回山中去衔石子和树枝。她衔呀,扔呀,成年累月,往复飞翔,从不停息。直到今天,她们还在做着这种工作。

填平大海固然万分艰难,但精卫那不畏困难的勇气和无比坚定的信心却值得我们深思。面对强大的对手,我们是否能拿出精卫的决心不断奋斗下去呢?

夸父追日

远古时代,在我国北部,有一座巍峨雄伟的山,山上住着一个巨人氏族叫夸父族。夸父族的首领叫做夸父,他身材非常高大,并且力大无穷、意志坚强、气概非凡。那时候,世界上非常荒凉,毒蛇猛兽横行,人们生活凄苦。夸父为了本部落的人能够活下去,每天都率领众人跟洪水猛兽搏斗。

有一年,天下大旱。火一样的太阳烤焦了地上的庄稼,晒干了河里的流水。人们热得难受,实在无法生活。夸父见到这种情景,就立下雄心壮志,发誓要把太阳捉住,让它听从人们的吩咐,更好地为大家服务。

一天,太阳刚刚从海上升起,夸父就从东海边上迈开大步开始了他追日的征程。

太阳在空中飞快地转,夸父在地上疾风一样地追。夸父不停

　　地追呀追,饿了,摘个野果充饥;渴了,捧口河水解渴;累了,也仅仅打个盹儿。他心里一直在鼓励自己:"快了,就要追上太阳了,人们的生活就会幸福了。"他追了九天九夜,离太阳越来越近,红彤彤、热辣辣的太阳就在他自己的头上。

　　夸父又跨过了一座座高山,穿过了一条条大河,终于在禺谷追上了太阳。这时,夸父心里兴奋极了。可就在他伸手要捉住太阳的时候,由于过度激动,身心憔悴,夸父感到头昏眼花,竟晕过去了。他醒来时,太阳早已不见了。

　　夸父依然不气馁,他鼓足全身的力气,又准备出发了。可是

离太阳越近，太阳光就越强烈，夸父越来越感到焦躁难耐，他觉得他浑身的水分都被蒸干了，当务之急，他需要喝大量的水。于是，夸父站起来走到东南方的黄河边，伏下身子，猛喝黄河里的水，黄河水被他喝干了，他又去喝渭河里的水。谁知道，他喝干了渭河水，还是不解渴。于是，他打算向北走，去喝大泽里的水。可是，夸父实在太累太渴了，当他走到中途时，身体就再也支持不住了，他遗憾地看着西沉的太阳，长叹一声，把手里拄的杖奋力向前一抛，闭上眼睛长眠了。

夸父死后，他的身体变成了一座大山，他扔下的手杖，也变成了一片五彩云霞一样的桃林。

夸父死了，他并没捉住太阳。可是天帝被他的坚定、勇敢的英雄精神所感动，惩罚了太阳。从此，他的部族年年风调雨顺，万物兴盛。夸父的后代子孙居住在夸父山下，生儿育女，繁衍后代，生活得非常幸福。

百合花开

　　在一个偏僻遥远的山谷里，有一个高达数千尺的断崖，不知道什么时候，断崖边上长出了一株小小的百合。

　　百合刚刚长出来的时候，长得和杂草一模一样。但是，它心里知道自己并不是一株野草。在它内心深处，有一个坚定的念头："我是一株百合，不是一株野草。唯一能证明我是百合的方法，就是绽放出美丽的花朵。"有了这个念头，百合努力地吸收水分和阳光，深深地扎根，直直地挺着胸膛。终于在一个春天的清晨，百合的顶部长出了第一个花苞。

　　百合心里非常高兴，但附近的杂草却很不屑。它们在私底下嘲笑百合："这家伙明明是一株草，可偏偏说自己是一株花。我看它顶上结的不是花苞，而是脑袋长瘤了。"公开场合，它们也讥讽百合："你不要做梦了，别说你不会开花，即便你真的会开花，在这荒郊野外，也没人会欣赏你。"

　　偶尔也有飞过的蜂蝶鸟雀，它们也会劝百合不用那么努力开花："在这断崖边上，纵然开出世界上最美的花，和你周围的那些草又有什么不同？一点价值都没有。"

　　百合却说："我要开花，是因为我知道自己有美丽的花；我要开花，是为了完成作为一株花的庄严使命；我要开花，是由于自己喜欢以花来证明自己的存在，不管有没有人欣赏，不管你们怎么看我，我都要开花！"

　　不理会野草和蜂蝶的鄙夷，百合努力地释放着内心的能量。终于有一天，它开花了，它那灵性的洁白和秀挺的风姿，成为断崖上最美丽的颜色。这个时候，野草与蜂蝶再也不敢嘲笑它了。

百合花一朵一朵地盛开着,花朵上每天都有晶莹的水珠,野草们以为那是昨夜的露水,只有百合自己知道,那是深深的喜悦所凝成的泪滴。

年年岁岁,百合努力地开花、结籽。它的种子随着风,落在山谷、草原和悬崖边。终于,到处都开满了洁白的百合花。

若干年后,远在千里之外的人,从城市或乡村,千里迢迢地赶来欣赏百合花。许多孩童跪下来,闻着百合花的芬芳;许多情侣互相拥抱,许下了"百年好合"的誓言;无数的人看到这从未见过的美,感动得落泪,触动了内心那纯净温柔的一角。

不管别人怎么欣赏,满山的百合花都谨记着第一株百合的教导:

"我们要全心全意默默地开花,以花来证明自己的存在。"

如果你能保持自己的信念,那么你就不会计较成功或失败,这种时候成功反而会自己到来。

人生不要别人来保证

山姆从小就对各地不同的风景很着迷。但是他很穷,在一户人家里做雇工。一次,山姆偶然得到一本世界地图册,他特别高兴,一有工夫就抱着这本世界地图册看。

一天,雇主让山姆看着炉子上烧的热水。山姆一边看着水,一边又习惯性地拿出世界地图册开始看。刚好看到一张埃及地图,古老的金字塔、美丽的尼罗河,还有很多有趣的东西,山姆完全沉浸在兴奋当中,他心想长大以后一定要去埃及看看。

正想得出神,山姆突然被狠狠推了一下。原来水早烧开了,

沸腾的水把炉子都浇灭了,雇主在里面听到了响声,冲了出来。

雇主很生气地问山姆:"你在干什么?"

山姆说:"我在看埃及地图。"

雇主生气极了,大声地说:"火都熄了,还看什么地图!"他猛地推了山姆一把,把山姆推到火炉边,用很严肃的表情说:"我给你保证!你这一辈子也不可能到那么远的地方去!赶快生火!"

山姆看着雇主,呆住了,满脑子都是:"这一生我真的不可能去埃及吗?"痛苦了好久后,山姆终于想通了,他郑重地对雇主说:"我的人生不要别人来保证!"

20年后,山姆第一次出国就去了埃及。到达埃及后的第一天,山姆坐在金字塔前面的台阶上,买了张明信片写信给原来的雇主。山姆写道:"尊敬的先生,我现在正在埃及的金字塔前面给你写信。记得小时候,你保证我不能到这么远的地方来,现在我就坐在这里给你写信。"

雇主收到山姆写给他的信后,自言自语地说:"这小子,还真的去了埃及!"

不要让别人偷走你的梦想

我有一位朋友,名叫芒提·罗伯兹,他经营了一座牧马场。他常常把他的房子借给我来举办募捐活动,为帮助处在困难中的青少年计划募集资金。在上一次募捐活动中,他向参加活动的人讲了一个激动人心的故事。

很久以前,有一个小男孩,跟着父亲一起生活。因为父亲是一个流浪的驯马师,所以,小男孩从小就跟随着父亲在一个又一个马厩、一座又一座赛马场、一家又一家农场之间来回奔波。正因为如此,小男孩整个中学阶段几乎就是在东奔西走中度过的,功课自然也学得断断续续。在他中学快毕业的那个学期,有一次,老师布

置了一项作业，要求写一篇作文，谈一谈自己长大以后的理想和志向。

那天晚上，他花了很长时间来写这篇作文，写了整整7页纸。在文章中，他详细叙述了他的远大理想，精心描绘了他的宏伟蓝图。他说，将来他希望能拥有一座属于自己的牧马场。不仅如此，他还绘制了一张占地达200英亩的牧马场的图纸，并在上面标出了所有建筑物的名称和位置，包括马厩和跑道。他还打算建造一栋占地4000平方英尺的大房子。

第二天，他把这篇凝结了他很大心血的作文交给了老师。两天之后，老师把作文退给了他。他怀着激动的心情打开一看，在作文的第一页上，老师用红笔打了一个大大的"F"，旁边还写了一行字："放学后到办公室来见我。"

于是，放学之后，这个怀着美好梦想的小男孩就来到了老师的办公室。老师说："你的这个理想，简直就是白日做梦，尤其是对像你这样的小男孩来说。你一没有钱，二又出生在一个整天流浪的家庭里，三又没有足够的才略。你知不知道，要想拥有一座牧马场，那是需要很多钱的。你不仅要买一片土地，还要买纯种马匹，然后，你还得花很多钱来照顾它们。我劝你就别做白日梦了。"老师停顿了一下，接着又说："如果你愿意重新写一个比较切合实际的理想

的话,我会重新给你打分的。"

小男孩垂头丧气地回到了家里,苦苦思考了很长时间。最后,他决定去问父亲。父亲对他说:"听着,孩子,对于这个问题,你必须要自己拿主意。因为,无论如何,我认为这对你来说都是一个非常重要的决定。"就这样,小男孩只好自己去思考。终于,在经过一个星期的苦思冥想、深思熟虑之后,小男孩决定对他的作文不做任何修改,仍旧按照原样交给老师。他对老师说:"您可以继续给我'F',但是,我绝不放弃我的梦想!"

说到这儿,芒提停了下来,环视了一下越聚越多的人,然后,接着说道:"今天,我之所以要给大家讲这个故事,是因为各位现在就坐在一座200英亩的牧马场内,坐在一栋占地4000平方英尺

的大房子里。直到今天，我还保留着那篇中学时写的作文，并且把它镶在镜框里，挂在壁炉的上方。"

　　这个故事到此本应结束了，但是，恰恰相反。在两年前的一个暑假期间，故事中的那位老师带着30个学生来到芒提的牧马场里举办为期一周的夏令营。夏令营结束的时候，在即将离开牧马场时，那位老师惭愧地说："芒提，现在，我要向你表达我的歉意。在你还是个孩子的时候，我就像是一个偷窃梦想的人，曾经对你的梦想泼过冷水。在那些年里，我真是偷窃了不少孩子的梦。幸运的是，你有足够的自信和坚强的意志，一直没有放弃自己的梦想。"

　　不要让别人偷走你的梦想！无论做什么事情，请相信你自己！

小售货员尼克的第一笔生意

1993年秋天的某个星期六下午,我匆匆赶回家,想把一些后院的工作做完。当我摇落树叶时,我5岁的儿子尼克,过来拉住我的裤子。

"爸爸,我要你帮我做个告示。"他说。

"现在不行,尼克,我真的很忙。"我回答。

"但我需要一个告示。"他坚持。

"为什么,尼克?"我问。

"我要卖掉我的一些石头。"他回答。

"我现在真的没空帮你,尼克。我必须把这些叶子摇下来,我说,去找你妈帮你。"过了一会儿,尼克拿了一张纸来。纸上有他的字迹,写着今天售价一块钱。他妈帮他做了告示,现在他要开始做生意了。他拿着告示,提着一个小篮子,带着他最好的4块石头,走到我们车道的前头,他把石头排成一排,把篮子放在它们后面,并坐了下来。我从远处观察,对他的决定很感兴趣。

大约半小时过去了,没有任何人经过。我过去看他在做什么。

"生意如何,尼克?"我问。

"不错。"他回答。

"这篮子是做什么的?"我问。

"放钱用的。"他有模有样地说。

"你的石头要卖多少钱?"

"每个一块钱。"尼克说。

"尼克,没有人会花一块钱买你的石头。"

"他们会的!"

"尼克,我们这条街没什么人,他们看不到你的石头。你把石头收起来,去玩如何?"

"这里有人,"他回答,"人们在我们这条街上散步或骑自行车做运动,也有人开车来看房子。人够多了。"

我说服尼克不成，就返回后院工作。他很有耐心地守在他的岗位上。又过了一会儿，有辆小货车驶进这条街。我看见尼克站起来对小货车高举他的告示。小货车在尼克身边停了下来，一个女士摇下了窗子。我没法听到他们之间的交谈，但在她转身面向驾驶的男士后，我可以看见他在掏皮夹！他给她一块钱，她则走出小货车，走向尼克。检查那些石头以后，她挑了一个，把一块钱交给尼克，开车离去了。

当尼克跑向我时，我目瞪口呆地站在后院。他晃着那一块钱，叫道："我跟你说过一个石头可以卖一块钱——如果你相信自己，你可以做任何事！"我取了我的照相机，为尼克和他的告示拍照。

这小家伙信心坚定，也乐于炫耀他能做的事。这是伟大的一课，我们从中学到了很多，到今天也一直谈论它。

轻轻告诉你

确立目标——找到自信

自信，也就是相信自己有能力，而能力则要体现在具体的事情当中。因此要树立信心，就得首先确定好自己的目标。因为有目标的存在，信心才成为一种可能。人生目标的选择，有这样几个原则：

第一，目标必须明确。明确的目标会让人始终保持正确的方向，不会走入岔道，少走很多弯路，更早取得成功。

第二，目标必须远大。人生最好是有一个较高的目标，也就是常说的要志存高远。一个人自信心的大小，决定他理想的大小；而一个人理想的大小，往往决定他成就的大小。

《不要让别人偷走你的梦想》中的小男孩希望拥有一座自己的牧马场，他的这一梦想曾被老师说成是白日做梦，但正是这个远大的理想帮助他成就了辉煌。请相信这个准则：人的成就绝不会超过一个人所想的。

第三，目标必须可行。我们确立的目标，虽然不能过于简单和容易，但必须是力所能及的，最好也是自己乐意为之奋斗的。既要有可操作性，又要有一定的挑战性，这样才有助于信心的产生；难以实现的目标往往会降低你的信心。

第四，目标必须具体。有具体的目标，才有具体的成功；如果太过空泛，目标便失去了存在的意义。小售货员尼克的目标就非常具体，他只想以一块钱卖出自己的石头，最终，他也做到了。

确立一个合适的人生目标，在实现它的过程中，你会找到自信。

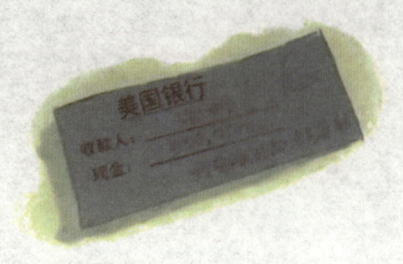

洛克菲勒的支票

有一个生意人由于经商遭遇挫折，被逼上了负债累累、走投无路的境地。他绝望地坐在公园的长椅上。突然，一个老人走到了他面前。生意人向他倾倒了心中的苦水。"我想我能帮助你。"老人说。接着，他问了这个生意人的姓名，然后掏出一本支票簿，开了一张支票，塞进了生意人的手里，说："这些钱算我借给你的，但是明年同月同日的此时此刻，我希望你能回到这个地方，把钱还给我。"老人说完就走了。

支票上写的是50万美元，签发支票的人是约翰·戴维森·洛克菲勒——世界上最富有的人之一！生意人十分激动。"我必须振作！"他心中暗想。他没有把这张支票兑现，而是将它锁在保险柜里。从此以后，只要想到它，他浑身就充满了重整旗鼓的力量。那一年，他凭借敏锐的眼光，抓住机会，做成了几桩大生意，不但还清了负债，还重归富人之列。

在与大富翁洛克菲勒约定的那个日子，他怀揣那张没有兑现

的支票来到了公园。在这里他果然见到了如约而至的老人。正当他要向老人表示感谢,奉还支票的时候,一个护士跑了过来,抓住了老人的胳膊。"我终于找到了!"护士大声说,"我希望他没有给你添麻烦。他一有机会就会从疗养院里跑出来,告诉别人他是大富豪洛克菲勒。"

护士挽着老人的胳膊走了,留下了目瞪口呆的生意人站在那里。他的脑海里回忆着一年来的奋斗历程。一切之所以如此从容不迫,是因为他深信保险柜里还有50万美元。突然间,他明白了,其实能够让他扭转逆境的不是这50万美元,而是这50万美元唤起的他内心的自信和力量。

卞和与和氏璧

相传在春秋时期，楚国有一个人叫卞和。有一次，他在荆山中发现一块璞（含玉的石头）。他把这块璞玉拿去奉献给厉王。厉王看不出璞中含有宝玉，所以把玉匠召来进行鉴定。那玉匠看了璞后对厉王说："这是一块普通的石头。"厉王听了勃然大怒，他大声喝道："好一个胆大包天的贱民，你竟敢以顽石充玉欺骗我！"紧接着他命令刀斧手砍掉了卞和的左脚。卞和忍痛含冤离去了。

厉王死了以后，武王继位。卞和又带着那块璞进宫去献给武王。武王也找了玉匠来鉴定那块璞。玉匠仍然说它是一块普通的石头。卞和因此被武王命人砍掉了右脚。

武王死了以后，文王继位。卞和来到荆山脚下，抱着那块璞痛哭起来。一连三天三夜，卞和把泪水哭干了，眼里流出了血。附近的村民和过路的行人见此情景都感到很悲怆。这件事很快被文王知道了。他派人到荆山察看情况。那差官见了卞和以后问道："天下受砍脚之刑的人很多，为什么唯独你长期悲痛不已呢？"卞和回

答说:"我并不是因为脚被砍断才这样悲痛,我痛心的是一块宝玉被人说成是普通的石头;一个忠心耿耿的人被说成是骗子。"

文王听了差官的汇报以后,觉得有必要验证卞和的"璞中有玉"之说,所以令玉匠用凿子把璞的表层敲掉。果然像卞和所说的那样,里面露出了宝玉。文王又命玉匠把玉石雕琢成璧,并给它起了个名字,叫"和氏璧",用以昭示卞和的胆识与忠贞。由于这块宝玉的珍奇,加之来历不凡,因此,便成了世间所公认的至宝,价值连城。

胡萝卜、鸡蛋还是咖啡豆

女儿向父亲抱怨她的生活,她觉得凡事都很艰难,不知该如何面对,想放弃。

她的父亲是一个有名的厨师,他把她带进了厨房,在三个壶里分别装了水,然后放到火上烧。很快,壶里的水开了。他一句话也没说,而是往第一个壶里放了些胡萝卜,往第二个里放了个鸡蛋,在最后一个里放了些磨碎的咖啡豆,把它们煮沸。

女儿撅着嘴,不耐烦地等着,对父亲的行动感到很纳闷。大约二十分钟后,父亲关了火炉,把胡萝卜倒进一个碗里,又把鸡蛋拿出来放进另一个碗里,接着把咖啡倒进一个杯子里,然后转过头来,对她说:"亲爱的,你看见了什么?"

"胡萝卜、鸡蛋和咖啡。"她答道。

父亲让她去摸胡萝卜,她觉得它们变柔软了;然后,他又让她去把鸡蛋敲破,把壳剥掉后,她看到了一个熟鸡蛋;最后,父亲要她喝咖啡。尝到芳香四溢的咖啡,她笑了。

"这是什么意思,父亲?"她恭敬地问道。

父亲解释道,这三样东西面临着同样的逆境——煮沸的水,但它们的反应却各不相同。胡萝卜本来是很强硬、坚固而不甘示弱的,但受到开水的影响后,它变得柔软而脆弱。鸡蛋本来易碎,薄薄的外壳保护着内部的液体,但是开水煮过以后,它的内部却变得

很坚硬。不过,最特别的却是磨碎的咖啡豆。经过沸腾的水后,它们却改变了水。

"哪一个是你呢?"他问女儿。

困难并不可怕,可怕的是失去了自我。当不幸降临到你头上时,你该如何应对呢?你是胡萝卜、鸡蛋,还是咖啡豆?

心中的顽石

阻碍我们去发现、去创造的，仅仅是我们心理上的障碍和思维中的顽石。

从前有一户人家的菜园里有一块大石头，石头很宽，也很高。到菜园的人，不小心就会踢到那块大石头，不是跌倒就是擦伤。

儿子问："爸爸，那块讨厌的石头，为什么不把它搬走？"爸爸这么回答："你说那块石头啊，从你爷爷的时候就一直放到现在了，它那么大，不知道要挖到什么时候。没事无聊挖石头，不如走路小心一点，还可以训练你的反应能力。"

过了几年，这块大石头留到了下一代，当时的儿子也有了儿子，当了爸爸。他的儿子也娶了媳妇，有一天媳妇气愤地说："爸爸，菜园那块大石头，我越看越不顺眼，改天请人搬走好了。"爸爸回答说："算了吧！那块大石头很重的，可以搬走的话在我小时候就搬走了，哪会让它留到现在啊？"

媳妇心里非常不是滋味，那块大石头不知道让她跌倒多少次

了。一天早上，媳妇带着锄头和一桶水，将整桶水倒在大石头的四周。十几分钟以后，媳妇用锄头把大石头四周的泥土搅松。媳妇早有心理准备，可能要挖一天吧。可是谁都没想到，几分钟就把石头挖起来了，然后再看看，原来这块石头没有想象的那么大，大家都是被它巨大的外表蒙骗了。

　　有时候，困难就像顽石一样，看起来很强大，如果我们没有足够的信心和勇气，很容易被它吓到。

丑陋的声音

有一位日本女孩,她从小嗓音就很沙哑,小朋友们都因她"丑陋的声音"而不愿和她交朋友。小女孩很伤心,也很难过,但她从未因此而变得郁郁寡欢,而是一直积极而快乐地寻找每一个展示自己的机会。

终于有一天,她争取到了参加一个社团演出的机会。女孩认认真真地扮演着自己的角色,努力展现自己最美丽的一面。这次演出中,日本著名的漫画家藤子不二雄恰好观看了这位女孩出演的话剧,女孩特异的声音立刻吸引了他。当时他正为筹拍中的卡通片《机器猫》中的主人公物色一名配音演员,而这位有着沙哑嗓音的女孩正好让他如获至宝。

女孩果然不负众望,她的声音为影片增添了独特的魅力。她那独特的沙哑的声音伴着卡通片像长了翅膀一样,飞遍了世界各地。她成为孩子们争相模仿的天才配音演员。

这个女孩"丑陋的声音"不仅征服了世界,更让人看到了信

心和希望的力量。

生活中充满各种各样的机会,但是能不能把握,却要看你有没有坚定的信心和敢于展示自己的勇气。不要因为自己的某个缺点而伤心不已,相信自己,说不定它便会成为你最独特的一个亮点,像小女孩沙哑的嗓音一样,具有无穷的魅力。

让你的心先越过横杆

布勃卡是举世闻名的撑竿跳冠军,享有"撑竿跳沙皇"的美誉。他曾数十次创造撑竿跳的世界纪录,而且他所保持的两项世界纪录,迄今无人打破。

在接受"国家勋章"的授勋典礼上，记者们纷纷提问："你成功的秘诀是什么？"

布勃卡微笑着说："很简单，每次撑竿跳之前，我都会先让自己的心'跳'过横杆。"

作为一名撑竿跳选手，在成名之前，尽管布勃卡不断尝试新的高度，但每次都以失败告终。他既沮丧又苦恼，甚至怀疑过自己的潜力。

有一天，他来到训练场，禁不住摇头对教练说："我实在跳不过去。"

教练平静地问："你是怎么想的？"布勃卡如实回答："只要踏上起跳线，一看那根高悬的横杆，心里就害怕。"

教练看着他，突然厉声喝道："布勃卡，你现在要做的就是闭上眼睛，先让你的心从横杆上'跳'过去。"

教练的训斥，让布勃卡如梦初醒。遵从教练的吩咐，他重新撑竿，这一次，他顺利地跃身而过。

教练欣慰地笑了，语重心长地说："记住，先让你的心从横杆上'跳'过去，你的身体就一定会跟着过去。"

是的，决定成败的往往不是身体，而是心灵，只有让心灵先跨过去，才能达到新的高度。

抬头走向成功

一个老登山队员和他的同伴在幽深的峡谷里迷了路,他们在里面跋涉了三天四夜,依然没有走出深谷。

"我恨死了自己没有走出峡谷的本事。我惧怕挫折,要是这世上只有成功没有挫折该多好啊!"同伴绝望地说。

老登山队员说:"世上怎么可能只有成功没有挫折呢?没有挫折就不会有真正的成功,就好比这峡谷与高山,没有这峡谷,哪来的高山?"

"挫折的滋味太难受了,我现在甚至想终死在这深谷里算了。"同伴叹息道。

老登山队员感慨地说道:"你这么悲观,是因为你一直在低头走路啊!"

"抬头走路就不绝望吗?"同伴抬起头仰望天空问。

"你抬头看到了什么?"老登山队员问。

"除了高山还是高山!"同伴答。

老登山队员说:"是呀,我每次遇到危险,遭受挫折,我都是这样抬头走向成功的!"

同伴若有所思地点点头,随后,他们静下心来,仔细辨别着方向,一路做着标记。终于,在一个阳光灿烂的黎明,他们走出了峡谷。迎着朝阳,他们抬头望着青山,会心地笑了。

人生道路的延伸也是直线和曲线的辩证统一。一个人今天行走在直路上,明天则可能行走在弯路上。我们在遇到困难和身处逆境时,不要茫然不知所措、灰心丧气。从某种意义上讲,人生目标的实现不在于当前处在什么样的环境里。只要你抱定成功的信念,不断地去进取,总有一天,你会如愿以偿,收获成功的。

心中的冰点

　　一家铁路公司有一位调车人员叫尼克，他工作认真，做事负责。不过他有一个缺点，就是他对人生很悲观，常以消极的心态去面对世界。

有一天，铁路公司的职员赶着去给老板过生日，大家都提早急急忙忙地走了。不巧的是，尼克不小心被关在一个待修的冰柜车里。尼克在冰柜车里拼命敲打着叫喊着，但是全公司的人都走了，根本没有人听到。尼克的手掌敲得红肿，喉咙叫得沙哑，也没人理睬，最后只得颓然地坐在地上喘息。

他愈想愈害怕，心想：冰柜的温度很低，如果再不出去一定会被冻死。他只好用发抖的手，找了笔纸，写下遗书。

第二天早上，公司的职员陆续来上班。他们打开冰柜，发现尼克竟然倒在地上。他们将尼克送去急救，可是很不幸，他已没有生命迹象。但是大家都很惊讶，因为冰柜的冷冻开关并没有启动，这巨大的冰柜也有足够的氧气，更令人纳闷的是，柜里的温度一直很高，但尼克竟然给"冻"死了！

其实，尼克并不是死于冰柜的温度，他是死于心中的冰点。在冰柜里，他已给自己判了死刑，又怎么能够活得下去呢？

信心是一种心境，有信心的人不会在转瞬间消沉沮丧。试问我们在日常生活中处事时，是否也常否定自己的能力，以致错失了许多尝试突破自己的机会呢？

打败你的，不是外在环境，而是你的心。被自己打败，再多的外界环境都没有用处。

不入虎穴，焉得虎子

东汉名将班超，早年曾率兵出击北匈奴贵族，战功显赫，随后被派遣出使西域与鄯善国结盟。

刚到鄯善国时，鄯善国王早知班超为人，对他十分敬重，但过了一段时间，忽然变得怠慢起来。班超召集同来的人，对他们说："鄯善国最近对我们很冷淡，一定是北方匈奴也派人来笼络他，使他不知顺从哪一边。聪明人要在事情还没有萌芽的时候就发现它，何况现在事情已经很明显了。"

于是班超唤来对方侍臣，诈他道："我听说北匈奴使臣已经来了好几天了，他们现在在哪里？"侍臣一听，十分惶恐，交待了一切。班超一听，果然不出他所料。于是，班超便把随从的官兵全部召到一起喝酒，趁大家酒劲正浓，激发他们说："现今大家和我一起都身在异国，本是想立大功，以求发达。可匈奴使臣来到这里没有几天，鄯善王就不把我们放在眼里，说不定哪天他会把我们送给匈奴，那我们的身体骨肉可就要被豺狼吞吃了。大家说该怎么办？"

部下们都说:"在这危亡之地,生死都由您来调遣!"于是,班超提议道:"不入虎穴,焉得虎子。眼下也只有趁夜火攻匈奴使臣大营,使他们不知我们究竟有多少人马,然后趁乱消灭他们。这样鄯善王就会吓破了胆,我们的事才能成功。"

就这样,班超独自率领部下,一举攻下了匈奴军营,鄯善国举国震惊。班超他们终于胜利完成了这次出使任务,与鄯善王和盟而还。

班超之所以能顺利地完成任务,除了他的勇敢机智以外,还因为他有着坚定的信心,从而无所畏惧,最后化险为夷。

毛遂自荐的故事

战国时，赵国都城邯郸被强大的秦国军队重重包围，危在旦夕。

为解救邯郸之危，赵王想联合楚国共同抗秦。为此，他派平原君到楚国游说。

平原君打算从自己数千名家臣中挑选出20个有勇有谋的人随同前往，可挑来选去，只挑选出19名。就在这时，有一位宾客不请自到，自荐补缺。他就是毛遂。

平原君问毛遂到这里有多长时间了，毛遂回答说已经有三年了。

平原君说："三年时间不算短了。一个人如果有什么特别的才能，就好像锥子装在囊中会立刻把它的尖刺显露出来那样，他的才能也会很快地显露出来。可你在我府上已住了三年，我还没听说你有什么特殊的才能。我这次去楚国，肩负着求援兵救社稷的重任，没有什么才能的人是不能同去的。你就留下来好了。"

平原君的话，说得很坦诚。但毛遂却充满自信地回答道："您说得不对，不是我没有特殊才能，而是您没把我装在囊中。若早把我装在囊中，我的特殊才能就像锥子那样脱颖而出了。"

平原君接受了毛遂的自荐，凑足20名随从，前往楚国。到了楚国，平原君与楚王谈判。平原君详尽地讲了联合抗秦的必要性之后，要求楚王尽快地派出援兵去解救邯郸，可楚王却不出声。他俩的谈判，从清晨持续到了中午，还没有谈出个结果来。等在外面的20名随员都很焦急。

这时，毛遂紧紧地按着腰中的剑，来到楚王的跟前，说：

"大王，楚赵联合抗秦，势在必行。这只是两句话便可以议定的事情。可是，从早晨到现在总也商议不出个结果来，这是为什么呢？"

毛遂的出现与责问使楚王很不高兴。他不理睬毛遂，转身气愤地问平原君：

"他是什么人？"

平原君说："他是我的随从。"

楚王很生气，转身斥责毛遂道：

"寡人正与你的主君议事，你算是什么人，也敢上来插言！"

楚王的话，使毛遂很愤怒。他拔出剑，向楚王逼近两步，大声道：

"尊贵的楚王,你之所以敢斥责我,不就是仗着你们楚国是个大国吗?不就是仗着这时候围在你身边的侍卫很多吗?不过,我现在告诉你,眼下在这十步之内,你国大没有用,你人多也没有用。你的性命就在我的手里,你叫嚷什么?"

经毛遂这么一说,楚王吓得满头是汗,不做声了。

毛遂又说:"楚国是大国,应该称霸天下。然而,你骨子里怕秦国怕得要死。秦国多次侵略楚国,占领了你们许多土地,这是多么大的耻辱呀!想起这些来,连我们赵国人都感到害羞。现在,我们来联合你们抗秦,既是为了解救邯郸,同时也是为你们楚国报仇雪恨。可是,你却这般怯懦。你这叫什么大王!难道你就不感到惭愧吗？"

在毛遂激昂的一席话面前，楚王惭愧得不知说什么是好了。

毛遂于是又说道：

"尊贵的楚王，怎么样？愿不愿意与我们赵国一起抗秦呀？"

"愿意！愿意！"楚王满口应允。

楚赵两国签订了联合抗秦的盟约之后，平原君一行人很快地回到了邯郸。见了赵王，平原君说：

"我这一回出使楚国，多亏了毛遂先生。他那三寸不烂之舌，使得咱们赵国重过九鼎大吕。他真比百万雄兵还要强啊！"

轻轻告诉你

突破困境——发挥自信

在生活中，我们难免会遇到各种各样的困难和挫折，比如别人对你的否定，比如遇到了难以克服的困难等等。这些时候，请不要忘了自信，它会帮助我们渡过难关，走向光明。

生活本身并不只有成功的微笑，也有失败的泪水。因此，遇到困难挫折时，不要灰心。要知道挫折虽不可避免，但是只要有信心，成功也不是偶然的。

陷入困境时，要积极地面对，不要逃避。就像故事中那些走出峡谷的登山队员，如果他们都害怕挫折、期望生活中没有挫折，一直悲观下去，他们可能永远也走不出去；那个破产的流浪汉，如果不能重新认识自己，一直自怨自艾下去，他就真的成了流浪汉，永远没有东山再起的可能。

陷入困境时，要机智灵活，巧妙化解。这一点，勇敢而又足智多谋的班超和毛遂或许能给我们一些启发。

陷入困境时，要将成功的希望寄托在自己的身上，依靠自己。人越是受到挫折失败，越容易否定自己，怀疑自己。

其实，这时候，你更应相信自己的感受。就像被关在冰柜中的尼克，如果他能自己去感受一下温度，又怎么可能被"冻"死呢？

有时候，成功迟迟没有来到你的身边，这并不代表它不来了，也不要认为你在与它擦肩而过时失去了它，事实上，它可能只是因风雨耽搁了路程。相信自己吧，困难挫折总会过去！

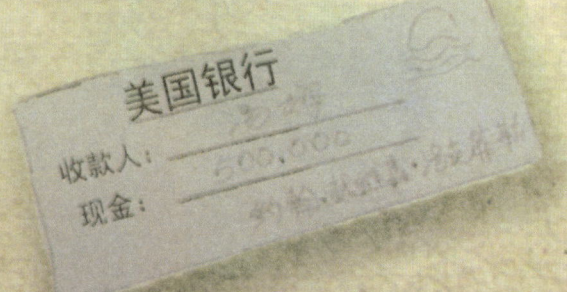

人生需要自渡

一条河上有一个古渡口,古渡口上拉着一条绳索,绳索下有一条木船,过往的人们就是坐在船上一手换一手地拉着这根绳索,作为行船的动力来回摆渡的。而这个渡口平时过往的行人特别少,常常是"野渡无人舟自横"。

这一天,有一个禅师访友归来,路过这条河,刚登上那条渡船,身后就赶过来一位脏兮兮的讨饭的小伙子,他手脚麻利地也登上了这条渡船。禅师一看又上来一位,就赶紧走下船来,坐在岸边的石块上。小伙子说:"老和尚不必这样,我来拉绳还不行吗?你何必

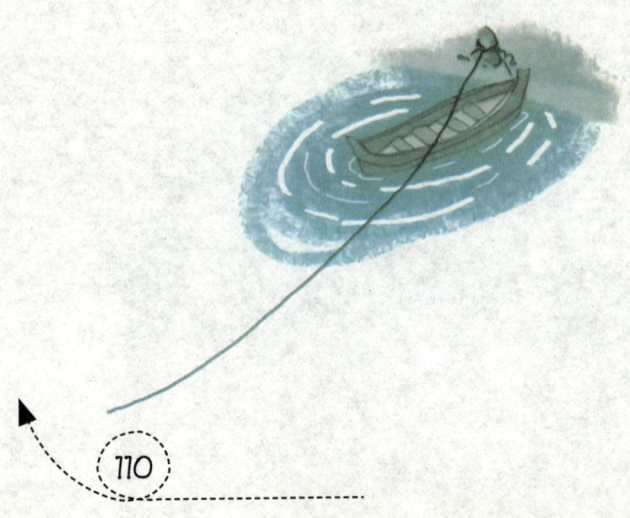

要下去呢？"

禅师平静地说："我不渡你，也不被你渡，我要自渡。"

小伙子听得迷迷糊糊，还得急着找饭吃，就撇下禅师，独自渡过河去。可是，就在他吃饱喝足，返回河的对岸时，看到禅师还端坐在水边的石块上。两个时辰过去了，居然没从对岸过来一个人。小伙子拉着船绳独自过来，非常不解、非常遗憾地对禅师说："你这个老和尚啊，偏偏不与我同渡过河，这不是和自己过不去吗？"

禅师依然心平气和地说："干任何事儿都要依靠自己，指望别人或者照顾别人，都是没有保障的。所以，我不渡你，也不被你渡，我要自渡。"

直到这时,讨饭的小伙子方如梦初醒,悟出了禅师话中的禅机。他拉住老禅师,感激地说:"谢谢您的指点,我不会辜负您,也不会辜负我自己的,我要自力更生,重新振作……"

转眼就是几年,一天,一位气宇轩昂的青年人来到老禅师跟前,二话没说,就拜了下去。禅师微启双目,静静地说:"你就是当年的那个叫花子吧?"

青年人说:"正是。受您点化之后,我经过几年的努力,先学石匠,后来做了工匠,现在已是建筑师和董事长了。我这次来,就是来报答您的,要为您修建一座更气派的寺院……"

禅师依然心平气和地说:"佛不要报答。你就在古渡口处修建一座石桥吧。"不久,那条河上就架起一座彩虹似的石拱桥。

不会贬值的钞票

一次讨论会上,演讲开始时,一个著名的演说家没说一句开场白,手里却高举着一张20美元的钞票。

面对会议室里的数百个人,他问:"谁要这20美元?"一只只手举了起来。他接着说:"我打算把这20美元送给你们中的一位,但在这之前,请准许我做一件事。"他说着将钞票揉成一团,然后问:"谁还要?"仍有人举起手来。他又说:"那么,假如我这样做又会怎么样呢?"他把钞票扔到地上,又踏上一只脚,并且用脚碾它。然后他拾起钞票,钞票已变得又脏又皱。"现在谁还要?"还是有人举起手来。

"朋友们,你们已经上了一堂很有意义的课。无论我如何对待那张钞票,你们还是想要它,因为它并没贬值,它依旧值20美元。人生的道路上,我们并不会一帆风顺,有时还会受到严重的打击,以致我们觉得自己一文不值。但是,你要充满自信,相信自己是无价之宝。"

青少年在成长的道路上，可能会短暂地迷失自己，迷失人生的方向，沉迷网络、厌学，甚至叛逆。当孩子一直沉陷在这种状态里面无法自拔的时候，家长甚至孩子自己也会觉得自己无药可救、一文不值了。但无论发生什么，或者将要发生什么，都请你相信，每个人都是无价之宝，永远不会丧失价值。因为生命的价值不依赖我们的所作所为，也不仰仗我们结交的人物，而是取决于我们本身！

　　从今天开始，请你自信地面对生活，微笑着对待一切困难挫折，尽管你可能还是一个普通人，但是只要拥有自信，便能拥有一颗永远充满斗志的心灵。

人生第一课

在美国一家普通的幼儿园里，刚刚入园的儿童被老师带进幼儿园的图书馆，很随便地坐在地毯上，接受他们的人生第一课。

一位幼儿园图书馆的老师微笑着走上来，她身后是整架整架的图书。

"孩子们，我来给你们讲个故事好不好？"

"好！"孩子们答道。

于是老师从书架上抽下一本书，讲了一个很浅显的童话。

"孩子们，"老师讲完故事后说，"这个故事就写在这本书中，这本书是一个作家写的。你们长大了，也一样能写这样的书。"

老师停顿了一下，接着问："哪一位小朋友也来给大家讲一个故事？"

一位小朋友立即站起来，"我有一个爸爸，还有一个妈妈，还有一个我。"幼稚的童声在厅中回荡。

然而，老师却用一张非常好的纸，很认真、很工整地把这个语无伦次的故事记录下来。

"下面,"老师说,"哪位小朋友来给这个故事配个插图呢?"

又一位小朋友站了起来,画一个"爸爸",画一个"妈妈",再画一个"我"。当然画得很不像样子,但老师同样认真地把它接过来,附在那一页故事的后面,然后取出一张精美的封皮纸,把它们装订在一起。封面上,写上作者的姓名、插图者的姓名,"出版"的年、月、日。

老师把这本"书"高高地举起来,说:"孩子,瞧,这是你写的第一本书。孩子们,写书并不难。你们还小,所以只能写这种小书。但是,等你们长大了,就能写大书,就能成为伟大的人物。"

给孩子们信心,比给予他们知识更加重要,有了对未来的美好憧憬,才能燃起无限的希望之灯。

只要你相信,你就是一块宝石

有一个孤儿,生活无依无靠,他很迷茫和彷徨,只好到处流浪。

一天,他走进一座寺庙,拜见那里的高僧。

孤儿说:"我什么手艺都没有,该如何生活啊?"

高僧说:"你为什么不去做些事情呢?"

孤儿说:"像我这样的人能做什么呢?"

高僧把他带到后园里一处杂草丛生的乱石旁,指着一块陋石说:"你把它拿到集市去卖吧。但要记住,无论多少人要买这块石头,你都不要卖。"

孤儿抱着石头疑惑地来到集市,在一个不起眼的地方蹲下来。可是,那是一块陋石,根本没人把它放在眼里。

一天过去了,两天过去了。第三天开始有人询问。第四天真的有人要买这块石头。第五天,那块石头可以卖个很好的价钱。

孤儿去找高僧,高僧说:"你把石头拿到石器交易市场去卖,但还是无论多少钱都不要卖。"

孤儿把石块拿到石器交易市场，三天后，渐渐有人围过来问。接着，问价的人越来越多，石头的价格已经被抬得高出了石器的价格。

高僧又告诉孤儿："你再把石头拿到珠宝市场卖……"

这次又出现了同样的情况，到最后，石头的价格被炒得比珠宝都要高。

孤儿又去找高僧，高僧说："世上人与物皆如此，如果你认定自己是一块不起眼的陋石，那么你可能永远只是一块陋石，如果你坚信自己是一块无价的宝石，那么你就是那块宝石。

每个人在生活中都会迷茫和彷徨，现代人更是如此，其实每个人都隐藏着自己的信心，如果我们挖掘自己的信心潜力，具有了自信心，还有什么做不了的呢？

没有比脚更长的路

有一个古老的王国，坐落在大漠深处，多年的风沙肆虐，使昔日富饶的城市变得满目疮痍，城里的人越来越少。国王意识到了危机。

一天，国王将四个王子召集到一起，对他们说："我打算将国都迁往美丽而富饶的卡伦。"

"卡伦离这里很远很远，要翻过许多崇山峻岭，要穿过草地、沼泽，还要涉过很多大河，但究竟有多远，没有人知道。"国王说。

国王看了看他的四个儿子，继续说："我决定让你们四个分头前往探路。"

四个王子都惊异于国王的决定，但他们还是服从了命令，带上充足的物品出发了。

大王子乘车走了八天，翻过四座大山，来到一望无际的草地，他一问当地人，才知道过了草地，还要过沼泽，还要过大河、雪山。他想到路途如此艰难和遥远，于是停止了前进。

二王子策马穿过一片沼泽后,被一条宽阔的大河挡住了去路,望着奔涌的河水,他也掉转了马头。

三王子漂过了两条大河,却又走进了一望无际的大漠,在茫茫的沙漠中,他茫然不知所措,于是开始搜寻着回来的路。

一个月后,三个王子陆陆续续回到国王身边,将各自沿途所见报告给国王,并都再三强调,他们经历了很多艰难,也在路上问过很多人,也都告诉他们去卡伦的路很远很远。

又过了六天，小王子风尘仆仆地回来了，他兴奋地向父亲报告——到卡伦只需十八天的路程。

国王满意地笑了："孩子，你说得很准，其实我早就去过卡伦。"

几个王子不解地望着国王——那为什么还要派我们去探路？

国王一脸郑重地说道："我只想告诉你们四个字——脚比路长。"

"没有比脚更长的路，没有比人更高的山。"很多时候，我们没能走向成功的原因并不是路途中的艰难险阻，而是我们缺乏战胜艰难险阻的信心。

不如唱首歌试试

在美国的一个小酒吧里，一位年轻小伙子正在用心地弹奏钢琴。说实话，他弹得相当不错，每天晚上都有不少人慕名而来，认真倾听他的弹奏。

一天晚上，一位中年顾客听了几首曲子后，对那个小伙子说："我每天来听你弹奏这些曲子，你弹奏的那些曲子我熟悉得不能再熟悉了，你不如给我们唱首歌来听吧。"这位顾客的提议获得了不少人的赞同，大家纷纷要求小伙子唱歌。

然而，那个小伙子面对大家的请求却变得腼腆起来，他抱歉地对大家说："非常对不起，我从小就开始学习弹奏乐器，从来没有学习过唱歌。我长年累月地坐在这里弹琴，恐怕

会唱得很难听。"

那位中年人却鼓励他说:"小伙子,正因为你从来没有唱过歌,或许连你自己都不知道你是歌唱天才呢!"

此时酒吧的经理也出来鼓励他,免得

他扫了大家的兴。小伙子认为大家想看他出丑,也是坚持说只会弹琴,不会唱歌。酒吧老板有些不高兴,便对他说:

"你要么选择唱歌,要么另谋出路。"

小伙子很无奈,他只好红着脸唱了一首《蒙娜丽莎》。哪知道他不唱则已,一唱惊人,大家都被他那流畅自然、颇具磁性的嗓音迷住了。那个时候,歌坛上充斥着靡靡之音,他的歌声虽然还有一些青涩,但却有一种振奋人心的力量。

这个小伙子后来居然成为了美国著名的爵士歌王,他就是著名的歌手——纳京高。要不是那次偶然的开口一唱,纳京高可能永远坐在酒吧里做一个三流的演奏者。

黑色的气球也能升起

美国著名心理医生基恩博士曾经和他的病人讲起他小时候经历的一个让他难忘的故事。

一天,几个白人小孩在公园里玩。这时,一位卖氢气球的老人推着货车进了公园。白人小孩一窝蜂地跑了上去,每人买了一个气球,兴高采烈地追逐放飞的气球跑开了。

在公园的角落里站着一个黑人小孩,他羡慕地看着白人小孩,可是他很自卑,没有勇气和他们一起玩。

白人小孩的身影消失后,黑人小孩怯生生地走到老人的货车旁,用略带恳求的语气问道:"您能卖给我一个气球吗?"

"当然可以,"老人慈祥地打量了他一下,温和地说,"你想要什么颜色的?"

他鼓起勇气说:"我要一个黑色的。"

脸上写满沧桑的老人惊诧地看了看这个黑人孩子,随即递给他一个黑色的气球。

小男孩开心地接过气球,小手一松,气球在微风中冉冉升起。那黑色的气球在蓝天上也是那么漂亮。

老人一边看着上升的气球,一边用手轻轻地拍了拍小男孩的后脑勺,说:"记住,气球能够升起,不是因为它的颜色,而是因为气球内充满了氢气。"

气球的升起,与它的颜色无关,只要它里面充满了氢气;一个人的成败,不是因为种族、出身,关键是你的心中有没有自信。俗话说,这个世界是由自信心创造出来的。充分的自信和坚韧不拔的意志,是事业取得成功的一个重要条件。

你要一双鞋子，给你一双袜子

圣诞节前夕，已经晚上 11 点多了，街上熙熙攘攘的人群稀疏了许多，偶尔还有匆匆忙忙往家赶的人，穿行在霓虹灯俯视下浓浓的节日氛围里。新的一年又要来了！

"感谢上帝，今天的生意真不错！"忙碌了一天的史密斯夫妇送走了最后一位来鞋店里购物的顾客后由衷地感叹道。透过通明的灯火，可以清晰地看到夫妻二人眉宇间那锁不住的激动与喜悦。

打烊的时间到了，史密斯夫人开始熟练地做着店内的清扫工作，史密斯先生则走向门口，准备去搬早晨卸下的门板。他突然在一个盛放着各式鞋子的玻璃橱前停了下来——透过玻璃，他发现了一双孩子的眼睛。

史密斯先生急忙走过去看个仔细：这是一个捡煤屑的穷小子，约摸八九岁光景，衣衫褴褛且很单薄，冻得通红的脚上穿着一双极不合适的大鞋子，满是煤灰的鞋子上早已"千疮百孔"。他看到史密斯先生走近自己，目光便从橱子里做工精美的鞋子上移开，盯着这位鞋店老板，眼睛里饱含着一种莫名的希冀。

史密斯先生俯下身来和蔼地搭讪道："圣诞快乐，我亲爱的孩子，请问我能帮你什么忙吗？"男孩并不做声，眼睛又开始转向橱子里擦拭锃亮的鞋子，好半天才应道："我在乞求上帝赐给我一双合适的鞋子，先生，您能帮我把这个愿望转告给他吗？"正在收拾东西的史密斯夫人这时也走了过来，她先是把这个孩子上下打量了

一番，然后把丈夫拉到一边说："这孩子蛮可怜的，还是答应他的要求吧。"史密斯先生却摇了摇头，不以为然地说："不，他需要的不是一双鞋子。亲爱的，请你把橱子里最好的棉袜拿来一双，然后再端来一盆温水，好吗？"史密斯夫人满脸疑惑地走开了。

史密斯先生很快回到孩子身边，告诉男孩说："恭喜你，孩子，我已经把你的想法告诉了上帝，马上就会有答案了。"孩子的脸上这时开始漾起兴奋的笑容。

水端来了，史密斯先生搬了张小凳子示意孩子坐下，然后脱去男孩脚上那双布满尘垢的鞋子，他把男孩冻得发紫的双脚放进温水里，揉搓着，并语重心长地说："孩子，真对不起，你要一双鞋子的要求，上帝没有答应你，他讲，不能给你一双鞋子，而应当给你一双袜子。"男孩脸上的笑容突然僵住了，失望的眼神充满了不解。

史密斯先生急忙补充说："别急，孩子，你听我把话说明白，我们每个人都会对心中的上帝有所乞求，但是，他不可能给予我们现成的好事，就像在我们生命的果园里，每个人都追求果实累累，但是上帝只能给我们一粒种子，只有把这粒种子播进土壤里，精心去呵护，它才能开出美丽的花朵，到了秋天才能收获丰硕的果实。就像每个人都追求宝藏，但是上帝只能给我们一把铁锹或一张藏宝图，要想获得真正的宝藏还需要我们亲自去挖掘。关键是自己要坚

信自己能办到，自信了，前途才会一片光明啊！孩子，你也是一样，只要你拿着这双袜子去寻找你梦想的鞋子，义无反顾，永不放弃，那么，肯定有一天，你也会成功的。"

脚洗好了，男孩若有所悟地从史密斯夫妇手中接过"上帝"赐予他的袜子，像是接住了一份使命，迈出了店门。他向前走了几步，又回头望了望这家鞋店。史密斯夫妇正向他挥手："记住上帝的话,孩子！你会成功的,我们等着你的好消息！"男孩一边点着头，一边迈着轻快的步子消失在夜的深处。

一晃30多年过去了，又是一个圣诞节，年逾古稀的史密斯夫妇早晨一开门，就收到了一封陌生人的来信，信中写道：

"尊敬的先生和夫人：你们还记得30多年前那个圣诞节前夜，那个捡煤屑的小伙子吗？他当时乞求上帝赐予他一双鞋子，但是上帝没有给他鞋子，而是别有用心地送了他一番比黄金还贵重的话和一双袜子。正是这样一双袜子激活了他生命的自信与不屈！这样的帮助比任何同情的施舍都重要，给人一双袜子，让他自己去寻找梦想的鞋子，这是你们的伟大智慧。衷心地感谢你们，善良而智慧的先生和夫人，他拿着你们给的袜子已经找到了对他而言最宝贵的鞋子——他当上了美国的第一位共和党总统。"

信的署名是"亚伯拉罕·林肯"。

纸篓里的老鼠

　　史蒂夫·莫里斯出生在美国密歇根州的萨吉诺城，幼年随父母搬到底特律。和班上的同学相比，他很"特殊"，因为他双目失明。对于一个9岁的孩子来说，"特殊"意味着被嘲笑、被冷落。小史蒂夫一度生活在重重自卑中，直到他遇见了本尼迪斯太太。

　　在史蒂夫的记忆中，小学老师本尼迪斯太太是颗永不消逝的启明星。她让史蒂夫发现了自己的天赋，教他勇于做个与众不同的人。本尼迪斯太太无疑是个睿智的人，她意识到光靠说教没法让9岁的孩童理解深奥的人生哲理。于是，她请来了一个"助手"。在"助手"的帮助下，女教师给史蒂夫上了一节难忘的人生课，他生命的乐章从此奏响。

　　故事发生在一间狭小的教室里。本尼迪斯太太正准备上课："安静，大家坐好，打开你们的历史书……"小学生们不安分地在凳子上扭动着，多数人心不在焉，只有小史蒂夫默默无语。上堂课是体育课，孩子们刚从操场上回来，多数人还惦记着玩过的游戏，当然

还有史蒂夫的洋相。

"今天天气真棒,我知道你们更愿意在外面玩游戏,"女教师脸上露出微笑,"可是如果不学习,你们就只能一辈子做游戏。"

"安妮,"老师提问,"亚伯拉罕·林肯是什么人?"

安妮局促地低下头回答道:"他……他有大胡子。"教室里爆发出一阵笑声。

"史蒂夫,你来回答这个问题。"本尼迪斯太太说。

"林肯先生是美国第16任总统。"史蒂夫的回答清晰准确,毫不犹豫。他一向是个优等生,但学习好无法减轻史蒂夫的自卑感。除非意识到自己具有得天独厚的才能,否则史蒂夫将永远生活在自怨自艾中。

"回答正确。"本尼迪斯太太满意地说,"亚伯拉罕·林肯是美国第16任总统,南北战争就发生在那个时候……"话讲了一半,她突然停下来,做出倾听的样子,好像听见什么异常的动静,"是谁在发怪声?"

小学生们莫名其妙地东张西望,只有史蒂夫没动。

"我听见一个微弱的声音,是抓挠的声音,"本尼迪斯太太神秘地低语,"听起来像……像是只老鼠!"教室里顿时乱成一团,女同学尖叫起来,胆小的孩子爬上课桌。

"镇静,大家镇静,"老师大声说,"谁能帮我找到它?可怜的小老鼠一定吓坏了。"孩子们乱嚷一气,"讲台下面","窗帘后面","安妮的书桌里"……

"史蒂夫,你能帮我吗?"老师向静静坐在座位上的史蒂夫求助。

"好的。"小家伙回答,他挺了挺腰板,脸上闪着自信的光芒。"请大家保持安静!史蒂夫在工作。"本尼迪斯太太示意大家肃静,小教室里很快鸦雀无声。史蒂夫歪着头,屏息凝神,手慢慢指向墙角的废纸篓:"它在那儿,我能听到。"

一点儿没错,本尼迪斯太太果然在纸篓里找到了那只小老鼠,它正躲在废纸底下,瑟瑟发抖,结果被听觉异常敏锐的史蒂夫发现了。历史课重新开始,一切恢复了原状。但史蒂夫变了,一粒自信的种子开始在这个黑人盲童的心里生根发芽,渐渐驱散了他的自卑感。每当情绪低落时,他便想起纸篓里的那只小老鼠。直到多年以后,他才知道小老鼠不是意外掉进纸篓的,而是本尼迪斯太太特地请来的"助手"。

今天,我们更熟悉史蒂夫的艺名——斯蒂维·旺德,他的与众不同带给我们无尽的享受。旺德集歌手、作曲家和演奏家于一身,摘取过二十多项格莱美大奖,有多张专辑打入美国流行乐金榜,获得美国音乐世纪成就奖,入选"摇滚名人殿堂"……这些都是因为曾经有只小老鼠"意外"掉进了纸篓。

轻轻告诉你

帮助他人寻回自信

虽然自信是内在的，需要自身的努力，但是良好的外在环境，也是培养信心的一个重要条件。因此，在生活中，我们可以用自己的言行帮助他人寻找信心。

童年时，我们每个人都从别人的反馈中了解和确认自己。如果一个人童年时生活在爱与接纳、鼓励与肯定中，就容易建立起信心和积极的自我形象。反之，生活在挑剔、不满、责难、评判中，就非常容易自我怀疑。而那些曾经被贴上差生标签的孩子，长大以后也容易活在自卑的阴影下。

欣赏与肯定，会给人动力和信心。比如聪明善良的本尼迪斯太太，在一只小老鼠的帮助之下，肯定了史蒂夫超常的听力，帮助他找回了信心。可见，肯定别人的积极面、欣赏他的独特性确实是帮助别人找回信心的重要方法。

自信的另一坚实基础，是自我接纳。自我接纳不是无奈认命，而是带着喜悦的心情来接受，静下心来与自己相处。

帮助别人找回自信，就是要帮助他认识自己、接纳自己、欣赏自己，鼓励他们去勇敢追求。在这方面，送给小男孩一双袜子的史密斯夫妇做得很完美。他们的帮助不是施舍，而是鼓励。

还有很重要的一点，大多数人都曾在评判、比较、需要刻意表现的环境里成长，所以我们需要为自己创造一个没有这些影响的内在环境，这样才容易去肯定和接纳他人，给别人带来温暖、信心和支持。